FÜR DIE GIERIGEN, DIE GEPEINIGTEN, DIE AUSGEBRANNTEN UND DIE HAMSTER. FÜR MEINE HERZMENSCHEN UND MEINE TOTEN, DIE UNSTERBLICHEN.

FÜR DIE KRIEGER, DIE BRANDSTIFTER, DIE KETZER UND DIE, DIE EIN LIED HABEN.

Ich wurde,
wer ich bin.
Danke.

ANITRA EGGLER
WIEN, 09.06.2012

FLUCH.

DIGITALE KOMMUNIKATION IST WIE SCHOKOLADE. Maßlos konsumiert betäubt sie die Geschmacksnerven, macht denkfaul und abhängig.

SEGEN.

DIGITALE KOMMUNIKATION IST WIE SCHOKOLADE. Wohldosiert stimuliert sie das Nervensystem, spendet Wohlgefühl und neue Lebensenergie.

ALLES IM LEBEN HAT ZWEI SEITEN. Nichts ist ausschließlich gut oder schlecht. Unsere tägliche Herausforderung besteht in der Wahl einer idealen Dosis und in einem ausgewogenen Zusammenspiel von Distanz und Nähe – von Online- und Offline-Modus, von Fleisch- und Webwelt. Dieses Buch schenkt Ihnen Inspiration, Zutaten und Rezepte für Ihre Idealmischung. Wie diese in Ihrem konkreten Fall aussieht, kann nur EIN Mensch entscheiden – Sie selbst.

Liebe Leserinnen,* liebe Leser,

wir haben uns hier versammelt, um unserer Produktivität zu gedenken. Lasset uns beten.**

Im Namen des Internets und der Browser und der
Heiligen E-Mail, Amen.

Ich glaube an das Internet,
das Web, das weltweite,
den Schöpfer von Suchmaschinen und Schwarmintelligenz,
und an den digitalen Fortschritt,
seine eingeborene Notwendigkeit, unseren Antrieb.

Ich glaube an das Surfen,
empfangen durch unsere Innovationskraft,
gelitten unter unserer Maßlosigkeit,
hinabgestiegen in das Reich der Verdummnis,
in diesem Buch auferstanden von den Web-Wahnsinnigen.

* Werte Kronen der Schöpfung! „Gendern" stört den Lesefluss. Deshalb verzichte ich auf den folgenden Seiten darauf. Bitte fühlen Sie sich dennoch angesprochen, geschätzt und gepriesen. Lang lebe die Weiblichkeit – sie braucht keine Extrawurst.

Ich glaube an die Verwendung des Klammeraffen,
die Gemeinschaft der Empfänger,
die Vergebung der Sender,
die Auferstehung des fehlenden Anhangs
und das effiziente Kommunizieren.

Menschenverstand unser im Web,
geheiligt werde deine Wachsamkeit,
deine Tatkraft komme,
deine Willenskraft geschehe,
wie am Smartphone, so auch am Tablet.

Unseren täglichen Wissensvorsprung gib uns heute,
und vergib uns unsere Ablenkung,
wie auch wir vergeben unseren Fehl-Klicks.
Und führe uns nicht in gesperrte Seiten,
sondern erlöse uns von unserer Angst, etwas zu verpassen.
Denn dein ist das Heute,
und das Morgen
und das Übermorgen,
und unsere Vergänglichkeit,
in Ewigkeit.
Amen.

** Dieses Glaubensbekenntnis soll Ihnen versichern, dass Sie in diesem Buch keine digitale Endzeitpredigt erwartet. Inspiriert sind diese Zeilen vom „Webgebet" der Journalistin Ingrid Brodnig.

INHALT

Wir

widmen digitaler Kommunikation mehr
Aufmerksamkeit als Menschen, die wir lieben.

konsumieren Gigabytes von E-Müll ohne
Bullshit-Radar.

ertrinken in Informationsflut, konfigurieren
aber keine Filter, um uns freizuschwimmen.

verwechseln Google-Ergebnisse mit Wahrheit
und halten das für Fortschritt.

kaufen innovationshörig Neues, dabei nutzen wir
gerade einmal die Idiotenfunktionen des „Alten".

haben mehr „Freunde" auf Facebook
als im echten Leben – in der Fleischwelt.

investieren mehr Zeit in Meetings
als ins Denken, Priorisieren und Handeln.

sind dauerabgelenkt und verwechseln
Kontrollverlust mit Karriere.

wissen, das Hirn ist kein Muskel –
dennoch halten wir Multitasking für gesund.

lesen nicht mehr, wir scannen nur noch
und wundern uns, wenn wir verblöden.

fordern Gratis-Inhalte im Netz und übersehen,
dass WIR das Produkt sind, das verkauft wird.

lassen uns von Technologie vorantreiben und
kommen nicht mehr bei uns selbst an.

wissen nicht, wo das enden wird,
aber wir laufen mit.

Immer online, volle Dosis, du kannst schlafen, wenn du tot bist.

Das ist kein Mantra, das ist der Untergang. Digital Natives finden das dennoch geil und nennen es Start-up. Ich habe das in den vergangenen 15 Jahren oft ermöglicht, erlebt und erlitten. Heute nenne ich es: Start-down. Ich bin keine Internet-Endzeitpredigerin. Ich bin das Gegenteil. Und deshalb frage ich Sie:

IST DAS NICHT KRANK?

Dieses Buch wird den Teufelskreis durchbrechen.

Er entsteht durch die weit verbreitete Kombination aus E-Mail-Wahnsinn, Sinnlos-Surf-Syndrom, Meeting-Malaria und Präsentations-Pest. Er bricht, sobald Sie eine Krankheit heilen und Kraft gewinnen für die Therapie der weiteren.

EINZELN BETRACHTET SIND ALLE VIER KRANKHEITEN ruinös. Treten sie im Quartett auf, sind sie tödlich. Und zwar für alles, was persönlich und unternehmerisch überlebenswichtig ist: Produktivität, Kreativität, Konzentration, Aufmerksamkeit, Selbstbewusstsein, Arbeitsspaß, Hausverstand, Muße, Gesundheit, Kraft, Zeit, Freizeit, Freundschaft, Liebesglück, Leben …

IN GLOBALISIERTER WÄHRUNG, damit die Transferleistung auch für Finanzchefs nachvollziehbar ist: Dieses Kommunikations-Krankheiten-Quartett vernichtet Ihre Wertschöpfung, Ihre Profitabilität, Ihren Gewinn, Ihre Prämie, Ihre Dividende, Ihre Abfindung, kurz: alles, wofür Sie arbeiten.

WIE KANN EIN BUCH ETWAS DARAN ÄNDERN? Berechtigte Frage. Blättern Sie um.

Dieses Buch wird Ihre Produktivität steigern.

Wissen Sie noch, was das ist? Bestens, Sie können 100 Prozent mehr davon haben. Ist im Buchpreis inklusive.

ALSO NUR ZUR SICHERHEIT: Falls Sie zu den 15 Millionen Menschen gehören, die täglich auf YouPorn „recherchieren" und anschließend denken: „Mann, Frau, Mann, so ein bisschen Büro-Surfen macht echt produktiv" – das ist nicht produktiv!

DAS IST NUR BEIM ERSTEN MAL CHARMANT SUBVERSIV. Was danach kommt, ist armselig und Grund genug, im nächsten Leben als Schwarzer Witwer geboren zu werden. Sie wissen schon, das ist das Männchen, das beim Sex ... – lassen wir das.

PRODUKTIVITÄT IST DIE ZEIT, in der Sie konzentriert arbeiten und so fokussiert sind, dass Sie übersehen, wenn Angelina Jolie nackt in Ihrer Bürotür erscheint und „Kommst du mal kurz" haucht. Liebe Damen, falls Ihre rechte Hirnhälfte solche Metaphern nötig hat, stellen Sie sich jetzt bitte Brad Pitt vor.

PRODUKTIV HEISST ALSO KONZENTRIERT. Und konzentriert heißt: nichts lenkt Sie ab. Keine E-Mails, kein Chat, keine Nackten, kein Smartphone, kein Game, kein Soziales Netzwerk, keine Mitarbeiter, keine Kollegen. Ja, das ist möglich – auch zu Lebzeiten!

WORAN ERKENNEN SIE, DASS SIE KONZENTRIERT SIND? Ihr Hirn denkt klar und konzentriert wie Korn. Sie erledigen in zwei Stunden dasselbe Arbeitspensum wie an einem abgelenkten, sinnentleerten, meetingvollen 12-Stunden-Bürotag.

WOZU SOLL DAS GUT SEIN? Um das zu verdienen, womit Sie Ihre Familie ernähren oder sich eines Tages die Porsche-Prothese kaufen. Nennt man gemeinhin „Gehalt" – alles andere wäre Subvention, Schmerzensgeld oder Geldwäsche, was oftmals ein und dasselbe ist.

Dieses Buch wird Ihren Profit maximieren.

Spätestens hier sollte der Hai in Ihnen erwachen. Profit ist nichts Böses. Profit zahlt Ihre Freiheit. Die sollte Ihnen heilig sein.

SIND WIR DOCH MAL GANZ EHRLICH: AM SCHLUSS ZÄHLT NUR DAS ERGEBNIS. Ob Sie im Vorstand* sitzen oder im Vorzimmer schwitzen, die klassische Win-Win-Gleichung sieht so aus: Sie investieren Ihre Arbeitskraft. Dafür zahlen Sie mit Lebenszeit, Freiheitsverlust und Gesundheit. Im Gegenzug bekommen Sie Geld. Mit Geld können Sie sich Freiheit kaufen. Weise und besonders wertvolle Menschen brauchen dafür wenig Geld, andere kriegen nie genug. Für beide gilt: Wenn Sie Ihre Talente und Ihre Arbeitszeit so klug investieren, dass nicht nur das Unternehmensergebnis profitiert, können Sie sich so viel Freizeit kaufen, wie Sie verdienen. Vielleicht nicht gleich heute. Aber morgen. Und dass das auch noch ein Tag ist, wusste schon die unverbesserliche Scarlett O'Hara.

SIND SIE ZUSÄTZLICH IN DER LAGE, diese Gleichung anderen Menschen so motivierend zu verkaufen, dass diese willfährig an die Grenze des Gesunden gehen? Dann werden Sie Vorstand. Dabei nicht vergessen: Geld kann man nicht essen. Falls Sie trotzdem den Hals nicht vollkriegen, folgen darauf Aufsichtsrat und Weltherrscher.

DOCH SELBST DIESE KOMBINATION muss nicht zwangsläufig im Knast oder per Genickschuss enden – vorausgesetzt, Sie sind schlauer als ein Toastbrot und lesen dieses Buch.

WIR FASSEN ZUSAMMEN: Karl Marx hat etwas verschwiegen – persönlicher Profit ist persönliche Freiheit.

Und von hier ist es nicht mehr weit zur Blasphemie. Blättern Sie um!

* Herzlichen Glückwunsch und ein gutes Händchen bei der Wahl Ihrer Aufsichtsratsmandate! Schon mal darüber nachgedacht, zusätzlich in die Politik zu gehen? Dort sind schon Ihre Freunde? Na dann …

Dieses Buch wird Ihr Leben retten.

Und Ihnen Gesundheit, Gelassenheit und ein glückliches Leben schenken. Vorausgesetzt, Sie lassen das zu.

SIE KÖNNEN SICH NATÜRLICH AUCH GERNE WEITER ZU TODE ARBEITEN und Ihr Leben verpassen. Machen ja alle anderen auch. Ein, zwei Burnouts hält so ein Körper schon aus. Ist ja irgendwie auch schick. Sind wir nicht alle ständig „Land unter"? Ich meine, hallo, „Büro ist Krieg", „Land unter" Hilfsausdruck. Ergo: Wer nicht „Land unter" ist, ist arbeitslos oder schon tot, also Gras drüber. Letzteres ist besonders bedauerlich, sorgt aber sicher für wesentlich mehr Anteilnahme auf Facebook. Wobei das ein klassischer Fall für die Absurdität des „Gefällt mir" wäre.

Übrigens, wenn Sie die Hornhaut auf meinen Nerven mal so richtig strapazieren möchten, dann antworten Sie auf meine stets aufrichtig interessierte „Wie geht's?"-Frage bitte standardmäßig schnappatmig: „Ich bin total Land unter!". Beim dritten Mal werde ich Ihnen Tipps für einen schmerzfreien, aber dennoch spektakulären Suizid geben und vorschlagen, Ihren Abschiedsbrief in Echtzeit zu publizieren. Und nein, ein Video von Ihrem Freitod drehe ich sicher nicht.

MUSS ES SO WEIT KOMMEN?
Nein. Deshalb halten Sie ja dieses Buch in Ihren Händen.

Risiken und Nebenwirkungen.

Wenn Sie dieses Buch lesen, nehmen Sie das Risiko in Kauf, dass sich Ihr Denken ändert. Und das ist nur der erste Schritt.

WIR SIND, WAS WIR DENKEN. Und damit wir werden, was wir sind, handeln wir. So wie wir handeln, werden wir. Wohldosiert ist das ein wundervoller Domino-Effekt. Sagen Sie also nicht, ich hätte Sie nicht gewarnt. Die erwünschten Nebenwirkungen wie Produktivität, Profit, Arbeitsspaß, Freiheit, Gesundheit, Gelassenheit und Lebenszeit habe ich schon angepriesen. Die kennen und wollen Sie, davon gehe ich jetzt aus.

UNERWÜNSCHTE WIRKUNGEN? KLARTEXT IST NICHTS FÜR WEICHSPÜLER. Dem aufmerksamen Leser dürfte bereits aufgefallen sein, dass ich ohne Mundschutz schreibe. Wenn Sie das nicht ertragen, gehen Sie jetzt bitte weinen – es wird noch schmerzvoller.

BESONDERE VORSICHT BEI DER LEKTÜRE DIESES BUCHES IST GEBOTEN FÜR: Trittbrettfahrer des Lebens, radikale Kleriker, Passivisten, Hierarchie-Hyänen, Konjunktivschreiber, Waffenhändler, Schuld-aufs-Schicksal-Schieber, Nach-unten-Treter-nach-oben-Buckler, Kaiserreich- und Freistaat-Vermisser, Gender-Fundamentalisten, 120-km/h-Linke-Spur-Besetzer und alle anderen Kreaturen, die man nie zum Kindergeburtstag eingeladen hätte, hätte man rechtzeitig geahnt, was aus ihnen wird.

WARN- UND RECHTSHINWEIS: DAS IST KEINE DOKTORARBEIT. Und auch kein wissenschaftliches Werk. Es ist die Summe aus 15 Jahren Arbeitserfahrung an vorderster Kommunikations- und Digital-Front. Alle Tipps wurden von echten Härtefällen am Rande des Burnouts erfolgserprobt – allen voran von mir selbst. Mir genügt das als Primärquelle. Ich hoffe, Ihnen auch.

Dieses Buch wird das Leben retten von:

Sie haben Eier?

Ich habe Hühner.

Und
alsbald
krähte
der
Hahn.

MATTHÄUS, 26:74

E-MAIL

E-Mail-Wahnsinn

[PENSUM PERPETUUS INTERRUPTUS]

E-MAIL-WAHNSINN: Produktivitäts-, Konzentrations- und Hirnverlust aufgrund unkontrollierter stetiger Arbeitsunterbrechung. E-Mail-Wahnsinn wurde früher auch als „Kommunikation“ und „Projektmanagement“ bezeichnet.

VERWANDTE KRANKHEITSBILDER: Multitasking, Dauer-Stress, Aufmerksamkeits-Schwund, Kommunikations-Krampf, Kontrollverlust, Profit-Armut, Burnout.

„Ich bin süchtig nach Unterbrechungen. Wenn ich nicht unterbrochen werde, weiß ich nicht, was ich als nächstes tun soll.

ANONYMER MANAGER IN „DER FLUCH DER UNTERBRECHUNG"
DIE ZEIT, 09.11.2006

E-Mails machen …

DUMM: Eine Studie am britischen King's College belegt, dass bekiffte Menschen IQ-Tests besser lösen als Menschen, die durch E-Mails abgelenkt werden. Durch E-Mail-Multitasking sank der gemessene IQ-Wert um zehn Prozent – doppelt so stark wie bei der Kiffer-Gruppe.

ERFOLGLOS: Kopfarbeiter lassen sich alle elf Minuten ablenken. Störfaktor Nummer eins: E-Mails. Anschließend brauchen sie im Schnitt 25 Minuten, um zur ursprünglichen Aufgabe zurückzukehren – um sich erneut davon ablenken zu lassen. So das vernichtende Ergebnis dreier Forscher der University of California.

SÜCHTIG: 60 Prozent aller US-Amerikaner lesen E-Mails via Handy morgens im Bett, zehn Prozent antworten rund um die Uhr. Auch Blackberry-Erfinder Jim Balsillie gibt zu: „Ständige Verfügbarkeit kann süchtig machen“. 50 Prozent der Briten leiden bereits an Nomophobie – no mobile phone phobia. Auf ungewolltes Offline-sein reagieren Betroffene mit Entzugserscheinungen von Nervosität bis hin zum Kollaps. Tests der Harvard-Forscherin Leslie A. Perlow beweisen: Offline-Stunden am Arbeitsplatz erhöhen Produktivität und Arbeitsspaß. Allerdings nur, wenn sie mit Gruppenzwang umgesetzt werden.

IHRE FIRMA ARM: Seien wir optimistisch und rechnen konservativ. Nur eine tägliche Ablenkungsstunde pro Mitarbeiter Gehaltsklasse 3.700 Euro Monatsbrutto kostet den Arbeitgeber inklusive Lohnneben- und Gemeinkosten bei 250 Arbeitstagen im Jahr rund 25.000 Euro – pro Mitarbeiter. 100 Mitarbeiter? 2,5 Millionen Euro!

ARBEITSLOS: Schlechter E-Mail-Stil kann den Job kosten. Die Kostenprüferin Vicki Walker wurde im Dezember 2007 deshalb entlassen. Als Kündigungsgrund nannte die neuseeländische Firma ProCare: Vicki Walker stifte „Disharmonie am Arbeitsplatz". Der Auslöser? Sie schrieb E-Mails durchgehend in Großbuchstaben, fett gedruckt und in Rot.

DIE WELTWIRTSCHAFT KAPUTT: Die New Yorker Beraterfirma Basex hat bereits 2008 herausgefunden, dass Angestellte durch Ablenkung im Schnitt 2,1 Arbeitsstunden am Tag verplempern – 28 Milliarden Arbeitsstunden im Jahr. Wirtschaftlicher Schaden? 588 Milliarden US-Dollar!

KRANK: Informationsflut in Kombination mit ständiger Arbeitsunterbrechung durch E-Mails, Handy, Sinnlos-Surfen und die lieben Kollegen machen unkonzentriert und unproduktiv. Wird dieser Zustand Normalzustand, entsteht die neue Kommunikationskrankheit „Attention Deficit Trait (ADT)". Harvard-Arzt Edward M. Hallowell schätzt, dass bereits jeder zweite Manager unter ADT leidet. Das Resultat? Krankhafter Konzentrationsverlust, ausgelöst durch zwanghafte Ablenkungslust.

Ich maile, also bin ich – Sklave!

Die gemeine deutsche E-Mail wurde wie ich in Karlsruhe geboren – das verpflichtet. Am 2. August 1984 macht es „Pling“ an der Uni Karlsruhe. Die erste E-Mail ist da und mit ihr ganz viel Erwartung: Zeit soll sie sparen, die Produktivität steigern, die Welt im Sekundentakt vernetzen und die Menschen einander näher bringen. Milliarden von E-Mails später ist das Gegenteil eingetreten – und wir haben es selbst verschuldet …

MILLIARDENSCHADEN UND MASSENVERBLÖDUNG.
Die intelligentesten Menschen verblöden heute in der Flutwelle sinnentleerter Überkommunikation. Der Produktivitätsverlust durch Ablenkung kostet der Weltwirtschaft jährlich Milliarden. Zwanghafte digitale Daueraufmerksamkeit entfremdet Menschen und ruiniert Liebesbeziehungen. Wie konnte es dazu kommen?

ERINNERN SIE SICH AN IHRE ERSTE E-MAIL?
Das war … – ein Segen! Sie konnten plötzlich binnen Sekunden eine Liebesbotschaft von Ihrer Tastatur nach Tanzania senden. Und Sie bekamen Antwort! Vielleicht ein „Ich liebe dich noch wie vor zehn unerfüllten Jahren". Und im Bestfall gab es noch ein Foto, bei dem Sie feststellen mussten, dass Ihre Studentenliebe inzwischen aussieht wie eine Raubkopie von Homer Simpson. Aber egal, Hauptsache: Sie bekamen ein Foto! Per E-Mail! Aus Tanzania! Und das ganze so schnell und unkompliziert als hätte Gott am elften Tag noch einen draufgelegt und die digitale Kommunikation erschaffen.

DAS PARADIES? EINE MOGELPACKUNG.
Das haben Paradiese so an sich, sobald der Mensch darin haust. Heute sind wir alle Vertriebene und empfinden E-Mails als Teufelswerkzeug. Als Stress. Als Burnout-Turbo. Warum? Weil wir zu viele unnötige E-Mails versenden und erhalten. Und das zu jeder Tages-, Nacht-, Wochenend- und Urlaubszeit. Das Schlimmste ist: Wir rufen sie ab und antworten. Ständig. Manisch. Masochistisch. Und jede E-Mail, die wir versenden oder beantworten, führt zu neuen E-Mails.

DAS IST DOCH KRANK, ODER? Heute sind E-Mails das Gegenteil all dessen, wofür wir sie einst liebten und ihnen willfährig verfallen sind. Wer das erkennt und E-Mails als das sieht, was sie sind –

klug eingesetzt, ein effizientes Kommunikationsmedium neben wichtigeren und Wichtigerem –, hat viel gewonnen. Vor allen Dingen: Zeit und Produktivität. Wer beides mit erfüllenden Inhalten bestückt, ist Großgrundbesitzer von Lebensqualität.

WAHRE HERREN VERFÜGEN ÜBER IHRE ZEIT, STÄNDIG ERREICHBAR SIND NUR SKLAVEN. Das ist eine Erkenntnis, die sich jeder in sein Arbeitshirn tätowieren sollte, der heute noch Descartes posthum geistig missbraucht, wenn er glaubt: Ich maile, also bin ich.

WIR KOMMUNIZIEREN BIS ZUM KOLLAPS – WIE LANGE NOCH?
Bis wir es ändern! Jeder, der es verpasst, der digitalen Höllen-Innovationsgeschwindigkeit individuelles Maß und Ziel zu geben, strauchelt im selbst gezimmerten Hamsterrad und kommuniziert bis zum Kollaps – geistig, körperlich und wirtschaftlich.

UND: OH WUNDER, OH SCHRECK! Dauerabgelenkte, ausgebrannte Mitarbeiter kosten Geld. Viel Geld. Bei dieser Erkenntnis werden Vorstände aktiv und Betriebsräte kreativ: Der VW-Betriebsrat hat Ende 2011 eine Betriebsvereinbarung durchgesetzt, die Tarifmitarbeiter mit Firmen-Blackberry 30 Minuten nach Feierabend vom E-Mail-Wahnsinn kuriert – die Verbindung zum Mail-Server wird einfach gekappt. Zeitgleich verordnete der Henkel-Vorstand E-Mail freie Weihnachtstage. Der französische IT-Konzern Atos ist radikaler: Er will E-Mails bis 2014 aus der internen Kommunikation verbannen und rührt die PR-Trommel für neue kollaborative Software, die – Sie ahnen es – von Atos angeboten wird. Software hilft im zweiten Schritt. Sie macht das, was wir, und die Art, wie wir kommunizieren, nicht besser. **DESHALB HIER DIE GRETCHENFRAGE, HAND AUFS KOMMUNIKATIONSHERZ, AUGEN NACH RECHTS …**

Erledigen Sie
Ihre E-Mails,

oder

erledigen Ihre
E-Mails Sie?

Das ist der Anfang …

NAPOLEON. Sie halten sich für unersetzbar und ständige Erreichbarkeit für eine karrierefördernde Tugend – Büro ist Krieg, Sie sind Napoleon und Ihre Kollegen die Armee: deshalb rufen Sie ständig E-Mails ab.

MAILZHEIMER. Weil Sie doch am liebsten Ihre Büro-Adresse nutzen, vergessen Sie die Zugangsdaten von Privat- und Müll-Adresse. Beim nächsten Gewinnspiel legen Sie neue an. Der Datenkrake sei Dank kostet das wieder nur Ihren Datenschutz.

ZWITTER. Sie öffnen die Grenze zwischen geschäftlich und privat und nützen Ihre Büro-Adresse auch für Privates. Damit Sie nichts verpassen, rufen Sie E-Mails auch nach Feierabend und am Wochenende ab.

MÜLL-MAILER. Weil Sie gerne an Gewinnspielen teilnehmen und dafür mit Ihrer E-Mail-Adresse zahlen, haben Sie jetzt auch eine Müll-Adresse bei einer Datenkrake Ihres Vertrauens. Die liest fortan Ihre Nachrichten und beglückt Sie zeitgleich mit Kleinanzeigen. Sie sehen das anders: DAS sehen Sie nicht.

BEZIEHUNGS-BOOSTER. Natürlich haben Sie auch eine private E-Mail-Adresse und müssen nie wieder darauf warten, dass der Postmann erst nach Tagen zwei Mal klingelt.

PRODUKTIVITÄTS-TURBO. Jetzt können Sie effizienter, schneller und multimedialer kommunizieren, arbeiten, Projekte abwickeln und dabei Zeitzonen und Kontinente überwinden.

EGO-VIAGRA. Sie haben eine geschäftliche E-Mail-Adresse. Je nach Arbeitgeber können Sie damit sogar angeben oder privaten Geschäften ein bisschen „nachhelfen", wenn Sie z.B. bei einer Staatsgewalt arbeiten.

SKLAVE. Ihr neues Firmenhandy ist ein Smartphone – Ihre neue Nabelschnur ist fortan Ihr wichtigstes Organ. Sie spenden ihm mehr Aufmerksamkeit als Ihrer Familie und beginnen, ihm nach der letzten E-Mail im Bett eine „Gute Nacht“ zu wünschen.

PINOCCHIO. Dabei lügen Sie sich selbst in die Tasche: Weil Sie unersetzbar sind, müssen Sie erreichbar sein, und im Stundentakt „kurz nachsehen“, ob „etwas passiert“ ist.

GAGA-RBEITER. Auch Schwachsinn wird wichtig. Sie empfinden jedoch nur das wohltuende Gefühl, überdurchschnittlich geschäftig zu sein für den Wohlstand der Firma und – Ihre Karriere.

FLUT-MAILER. Sie mailen wie irre und bekommen immer mehr E-Mails. Arbeiten ist für Sie Synonym für E-Mail geworden. Sie müssen „alles schriftlich festhalten – für alle Fälle“. Dass Ihr Tag nur noch aus „reagieren“ besteht, übersehen Sie vor lauter „reagieren“.

FERNGESTEUERT. Was Sie erledigen, bestimmt Ihr Posteingang. Wenn keine E-Mail eingeht, klicken Sie manisch auf „Senden/Empfangen“.

KOPIER-KATER. Weil Sie sich selbst nicht mehr trauen – irgendwie fühlen Sie sich überfordert – beginnen Sie, mehr Menschen in Kopie zu setzen. Sollen die doch mitdenken, bei Ihnen funktioniert das gerade nicht so gut.

ZWERG. Sie schaffen die vielen E-Mails nicht mehr. Ihr Pensum wird zum Berg, sie fühlen sich als Zwerg. Sie beginnen, schlecht zu schlafen.

JEIN-MAILER. Sie mailen noch mehr und antworten immer kürzer. Ein aussagekräftiges „Jein“ wird Ihre Standard-Antwort – schließlich haben Sie keine Zeit, die Romane der Absender zu lesen.

FEHLER-MACHER. Weil Sie wichtige E-Mails weder richtig gelesen, noch verstanden haben, haben Sie ein Problem: Sie haben ein paar Böcke geschossen. Sie brauchen Urlaub. Sofort!

ANGSTHASE. Ihr Smartphone liegt mit Ihnen in der Sonne. Sie sollten abschalten, aber Sie können nicht ausschalten. Nicht, dass „Müller“ Entscheidungen trifft und „Maier“ an Ihrem Stuhl sägt. Nach dem Urlaub fühlen Sie sich ausgebrannter als zuvor.

... vom Ende.

DER ANFANG VOM ENDE. Wenn Sie Ihren E-Mail-Wahnsinn jetzt nicht ändern, ändert er Sie!

„Papa, dein Handy macht Aua!"

Paul (35)* ist Etat Direktor. Sein Tagesgeschäft? Er verantwortet millionenschwere Werbebudgets von internationalen Kunden. Paul hat alles im Griff, außer sein Handy. Eines Sonntags wird ihm schmerzlich bewusst, dass E-Mail-Wahnsinn sein Familienglück kosten kann.

Seit sechs Jahren arbeite ich als Kundenberater in einer internationalen Werbeagentur. Vor drei Jahren bin ich zum Etat Direktor aufgestiegen. Mein Erfolgsgeheimnis? Ich liebe meinen Job mehr als gesund ist. Ich arbeite, wenn ich krank bin, am Wochenende und nachts. Meine Kunden können mich rund um die Uhr erreichen – und das empfinden sie nicht als Extra-Service, sondern als Selbstverständlichkeit.

Vieles an meiner Arbeit ist schwachsinnig. In der Werbe-Branche retten wir keine Leben, auch wenn man angesichts des täglichen Aktionismus im Granatenprinzip denken könnte, dies sei der Fall. Meine Tochter habe ich bekommen, weil ich meinem Leben einen tieferen Sinn geben wollte. Ich dachte, wenn

* In diesem Protokoll beschreibe ich Menschen, Zustände und Ereignisse, die ich in den vergangenen 15 Jahren miterlebt habe. Ähnlichkeiten mit Ihnen oder mir bekannten Erdenbürgern sind zufällig und ungewollt.

ein Kind da ist, dann arbeite ich weniger und erlebe mehr Freizeit mit meiner Familie. Das Gegenteil ist eingetreten.

„Nie wieder Smartphone!"

Vater-sein hat mich überfordert. Deshalb habe ich mich beim Abendessen, am Wochenende und im Urlaub hinter meiner Arbeit versteckt. Arbeit, die ich dank meines Smartphones stets griffbereit in der Hosentasche hatte. Wenn keine E-Mails eingegangen waren, habe ich selbst welche geschrieben. Und Sie wissen ja, wie das ist: irgendwer antwortet immer. Wenn ich mir vorstelle, dass meine Tochter in ein paar Jahren liest, was ich für Müll gemailt habe, statt mit ihr zu spielen, dann schäme ich mich bereits heute bis zum Erdmittelpunkt.

Und dann kam dieser Sonntag. Ich bin mit meiner Kleinen auf dem Spielplatz. Ich setze sie auf die Schaukel und schubse an. Mit der freien Hand checke ich meine E-Mails via Handy. Eine regt mich derart auf, dass ich zu heftig schubse. Meine Tochter fällt von der Schaukel. Nach den ersten Tränen sagt sie vorwurfsvoll: „Papa, dein Handy macht Aua!". Dieser Satz hat mein Leben verändert.

Am nächsten Tag habe ich das Smartphone gegen ein „normales" Handy getauscht und das Büro aus meiner Hosentasche verbannt. Das Ergebnis? Ich arbeite heute immer noch zu viel, aber ich maile viel weniger.//

Wie viel E-Mail-Wahnsinn steckt in Ihnen?

Kommt Ihnen bekannt vor? Trifft auf Sie zu? Machen Sie Ihr Kreuz!

Ihre Arbeit wird häufiger durch E-Mails unterbrochen als durch Pipi-Pausen.

Sie rufen E-Mails ab, auch wenn Sie gar keine Zeit haben, zu antworten.

Die erste E-Mail beantworten Sie morgens im Bett.

Was Sie zu tun haben, entscheidet zu 50 Prozent Ihr Posteingang.

Sie kommunizieren mehr per E-Mail als persönlich.

E-Mail! Sie widerstehen max. fünf Minuten dem Drang „kurz nachzusehen".

Sie mailen nach Feierabend, am Wochenende und im Urlaub.

Sie verbringen mehr Zeit mit E-Mails als mit Ihrer Familie.

Sie kommunizieren vermeintlich Unangenehmes lieber per E-Mail als persönlich.

Sie werden nervös bis aggressiv, wenn Sie keinen E-Mail-Zugang haben.

Sie fühlen sich überkommuniziert und gleichzeitig uninformiert.

Achtung, jetzt macht es „pieks"!

SIE SIND KARL LAGERFELD. Oder Sie kommunizieren so analog wie er. Lagerfeld verweigert E-Mail, Handy und Armbanduhren. Sein Argument: „Um kreativ arbeiten zu können, brauche ich Ruhe und Konzentration. Ich will kein Sklave einer Technik oder einer falschen Zeitvorstellung sein".

PS: Falls Sie nicht Karl Lagerfeld sind, sind Sie Pinocchio.

1–3

ALARMSTUFE EINS: Sie kommunizieren sich zwar noch nicht um Ihren Verstand, zeigen aber bereits erste Anzeichen, dass es soweit kommen könnte. Verhindern Sie das! Sie sind noch so produktiv, dass Sie sofort mit der Umsetzung aller Blitz-Therapie-Regeln beginnen können, ohne sich dadurch überfordert zu fühlen oder von Entzugserscheinungen gepeinigt zu sein. Teilen Sie Ihre Tatkraft und Veränderungsenergie mit allen, die sie nicht mehr haben, aber dringend brauchen. Wer ist das? Die Mehrheit.

3–10

HERZLICHES BEILEID: Sie sind der Hamster im digitalen Kommunikationsrad, der Amboss unter den Hammerschlägen des E-Mail-Wahnsinns. Ich versuche das Wort Sucht zu vermeiden – zu spät! Die gute Nachricht: Sie sind die Mehrheit und auch der kann geholfen werden. Entspannen Sie sich, widerstehen Sie der Versuchung zwischenzeitlich mal kurz am Handy Ihre E-Mails zu checken, atmen Sie tief ein und aus und lesen Sie einfach weiter!

E-Mail-Wahnsinn – es reicht.

BLITZ-THERAPIE*

* in Einzeller-kompatiblen Schritten

x10

1

OFFLINE STARTEN

OFFLINE HEISST: ohne Internet, ohne Handy und am besten ohne Computer! Klartext: Keine E-Mails im Bett checken, nicht auf dem Klo facebooken, Handy ignorieren!

WENN SIE NUR DIESE REGEL BEHERZIGEN, GEWINNEN SIE VIEL. E-Mails wollen immer etwas von Ihnen, sie erledigen selten Ihre Arbeit. Wenn Sie den Tag mit E-Mails beginnen, starten Sie reagierend und werden in Folge wie die Sau durchs Arbeitsdorf getrieben.

ABER WIESO? Sie agieren doch, wenn Sie E-Mails bearbeiten – das ist nicht falsch, aber auch nicht richtig. Ob Chef oder Kopier-Schorsch, Sie werden dafür bezahlt, dass Sie Wichtiges von Unwichtigem unterscheiden und das Wichtigste zuerst erledigen. Das Wichtigste sind nicht die Anliegen von anderen, sondern Ihre eigenen.

DESHALB gehört die erste Stunde des Tages (oder die letzte Stunde des Vortages) Ihrer Planung und der Priorisierung Ihrer Aufgaben nach dem „Pareto-Prinzip". Definieren Sie die 20 Prozent der Aufgaben, die Ihnen 80 Prozent Arbeitsergebnis bringen. Grausam, aber effizient: Die Taten, vor denen wir uns am liebsten drücken, sind in der Regel die potentesten 80-Prozent-Bringer. Deshalb: Internet aus und durch! Erst wenn Ihre Aufgabenliste steht, dürfen Sie online gehen.

TIPP: Schreiben Sie Ihre Aufgabenliste auf gutes, geduldiges Papier. Wenn Sie eine digitale Liste benutzen, ist der Geist willig, aber das Fleisch schwach und die Gefahr groß, dass Sie surfen oder E-Mails checken. Ich schreibe auf Papier und anschließend tippe ich das Ergebnis in die willigen Zeilen meines unendlichen Gedächtnisses auf www.teuxdeux.com – meine Lieblingsrubrik ist „Someday".

WARNHINWEIS: Seien Sie eisern! Bleiben Sie dran! Diese Offline-Priorisierungsstunde wird Ihnen maximal eine Woche lang schwerfallen. Danach können Sie gar nicht mehr anders – gut so!

2 MAIL HALTEN

DIE SCHLECHTE NACHRICHT ZUERST: Ihr Hirn wird unterbrechungssüchtig. Je mehr Sie es permanent multiplen Reizen aussetzen, desto mehr Reize wird es eines Tages fordern, desto rastloser werden Sie. Schalten Sie alle Signale an Computer und Handy aus, die Sie darüber informieren, dass irgendjemand irgendetwas von Ihnen will. Sie sind der Chef, Sie definieren, wann Sie Zeit haben und verfügbar sind!

FOLGENDE KONFIGURATIONEN STEIGERN IHRE PRODUKTIVITÄT UND ENTLASTEN IHR STRAPAZIERTES HIRN:

COMPUTER & E-MAIL-PROGRAMM

— Möchten Sie permanent auf Empfangsmodus sein? Gönnen Sie Ihrem E-Mail-Programm einen geregelten Tagesablauf: zu Ihren E-Mail-Bearbeitungszeiten wird es geöffnet, danach geschlossen.
— Deaktivieren Sie den automatischen E-Mail-Abruf – falls die Welt untergeht, merken Sie das rechtzeitig über analoge Kanäle!
— Keine Sounds oder visuellen Hinweise bei Posteingang – niente!
— Plus: E-Mails erhalten striktes Meeting-Verbot.

HANDY

— Wenn Sie keine Zeit haben (Meeting! Geburt! Sex!), schalten Sie das Handy aus – und zwar richtig AUS!
— Vibrieren ≠ lautlos, vibrieren = Mogelpackung! Lautlos = lautlos.
— Verzichten Sie generell auf Vibration, es sei denn, Sie stehen auf das Gefühl in der Hose – das ist dann … ein anderes Problem. Eines, das meine Digital Therapie nicht lösen kann und will.
— Meetings: Falls Sie den Drang haben, Ihr Handy in Sichtweite zu legen, denken Sie daran: Ständig erreichbar sind nur Sklaven!
— Wählen Sie als Klingelton ein Lieblingslied oder einen Ton, der Sie entspannt. Ganz besonders heilsam ist diese Konfiguration bei Stress-Anrufern wie „Chef“, „Finanzamt“, „Ex“.

SORRY, ABER: Sie werden sich leider ein paar Tage fühlen wie Christiane F., stofflos vor dem Bahnhof-Zoo. Das vergeht. Je mehr Stille Sie sich gönnen, desto leiser schreit sie. Stille ist die Geliebte von Produktivität und Muße – unterstützen Sie diese Liebesbeziehung! Je weniger Sie tun, desto produktiver sind Sie.

3 TIMES A DAY… KEEP THE DOCTOR AWAY

E-MAIL-ÖFFNUNGSZEITEN sind Ihre Rettung! Ihr innerer Schweinehund wird sich mindestens eine Woche so vehement dagegen wehren wie ein Schoko-Junkie gegen Diät. Danach wird alles gut.

GANZ EHRLICH: Möchten Sie in einem Geschäft arbeiten, das 24 Stunden geöffnet hat und das an sieben Tagen in der Woche? Als Konsumentin liebe ich solche Geschäfte, aus Mitarbeiter- und Unternehmersicht wird mir schlecht, wenn ich nur daran denke.

IST IHNEN SCHON SCHLECHT? Zumindest ein bisschen? Wunderbar! So ein kleiner Ekel ist Anreiz für enormen Wandel. Und der ist notwendig: Rund um die Uhr per E-Mail erreichbar zu sein, wirft ein peinliches Licht auf Ihr Zeitmanagement und ist auch faktisch völlig unnötig bis debil. Sie erinnern sich: Ständig erreichbar sind nur Sklaven …

SCHLAFTRUNKEN, UNGEDUSCHT UND GEISTESSCHWACH: Wären Sie früher um sieben Uhr morgens zum Briefkasten gegangen? Und bis 19 Uhr dann noch weitere 36 Mal? Sicher nicht. Warum tun Sie das dann heute?

NA? Eben! Dann hören Sie doch einfach damit auf. **JETZT.**

BESTIMMEN SIE DREI, MAXIMAL VIER FIXE E-MAIL-ÖFFNUNGSZEITEN für sich und Ihr Team. Ich habe nur zwei: 10 und 16 Uhr. Das reicht. Jeder, der mit mir arbeitet, weiß, wenn es dringend ist: anrufen! Ich bin nicht ständig online, ich arbeite lieber für mein Geld.

WICHTIG: Sie öffnen Ihr E-Mail-Programm nur zu den festgelegten E-Mail-Öffnungszeiten! Dann arbeiten Sie alles konzentriert ab und senden die E-Mails aus, die unverzichtbar sind. Und damit alle wissen, was Sache ist, kommunizieren Sie Ihre neuen Öffnungszeiten via Signatur, Meeting, Türschild, T-Shirt, Anstecknadel oder was immer in Ihrer Firma Sinn ergibt.

4 STECKER RAUS, HANDY AUS, HIRN AN

WENN IHNEN DAS HART ERSCHEINT … haben Sie Recht. Es ist hart. Aber auch ungemein produktiv. Probieren Sie es einfach aus. Motivation: Sie sparen Strom und gewinnen XL-Produktivität!

ERWISCHT! Sie haben geschummelt und trotz selbstverordneter Stille und deklarierten E-Mail-Öffnungszeiten immer wieder E-Mails gecheckt. Und im Meeting haben Sie wegen der deaktivierten Vibration im Lautlos-Modus ständig Ihr Handy betatscht auf der Suche nach – ja, nach was eigentlich?

KEINE BANGE. Das ist ganz normal. Das ist milde ausgedrückt Gewohnheit. In harter Währung: Suchtverhalten und nur durch strikten Entzug heilbar. Wenn Sie wirklich produktiv arbeiten möchten, hilft nur eines, zumindest anfangs: Stecker raus, Hirn an!

DAS IST RADIKAL, ABER ES WIRKT. Die „Pomodoro-Technik"* von Francesco Cirillo hilft bei der Umsetzung und verwandelt Offline-Zeit in Produktivität:

- Wählen Sie eine (eine!) Aufgabe aus, die Sie erledigen möchten.
- Wie lange werden Sie dafür brauchen? Wecker stellen.
- Bürotür schließen, Internetverbindung kappen, Handy ausschalten.
- Aufgabe konzentriert erledigen.
- Nach dem Weckerläuten fünf Minuten Pause machen.

TIPP: Diese Technik hilft auch den Offline-Tagesstart (Seite 48) durchzuhalten. Falls Sie es aus eigener Kraft nicht schaffen, Ihre Internetverbindung zu kappen, dann lassen Sie das ein Programm für Sie tun, z.B. www.rescuetime.com oder www.macfreedom.com.

WOBEI, GANZ EHRLICH: Wenn Sie zu diesem Schritt greifen müssen, treiben Sie den Teufel mit dem Belzebub aus. Aber siehe oben: Manchmal ist jedes Mittel recht – und im Fall der empfohlenen Links auch gratis bis billig.

* „The Pomodoro Technique", Francesco Cirillo, Lulu.com, 2009. Weitere Infos auf: www.pomodorotechnique.com.

5

RÜCK-SCHRITT IST FORT-SCHRITT

IN DER UREIGENSTEN EIGENSCHAFT, Aufgabe und Bestimmung der Dinge liegt ihr Heil. Konvergenz ist das Gegenteil. Sie ist praktisch. Aber manchmal auch des Teufels.

HILFE, MEIN KOLLEGE GEGENÜBER HAT OHREN und Stimme. Diese Erkenntnis ist so unglaublich wie die Tatsache, dass Ihr Telefon ein Telefon ist. Und wissen Sie noch, was man mit einem Telefon macht? Keine E-Mails, kein Surfen, keine SMS. Man telefoniert! Sie erinnern sich: Das ist das mit der eigenen Stimme, die Persönliches persönlich überbringt und sogar Grässliches, Peinliches und Liebestolles mit Empathie kommuniziert.

PROBIEREN SIE ES AUS! Ein persönliches Gespräch ist Auge in Auge am wirkungsvollsten. Aber auch das Telefon ist ein wohltuender Kontrapunkt zum täglichen E-Mail-Wahnsinn, sozusagen Verbesserungsstufe Nummer eins. Rufen Sie wieder Menschen an. Sprechen Sie mit Ihnen. Sprühen Sie Charme! Weinen Sie! Lachen Sie! Schreien Sie! Werden Sie ausfällig! Hauptsache, Sie sind authentisch und lebendig und das alles live, direkt und erlebbar im Gehörgang des anderen.

DENKANSTOSS: Wenn Sie das Chaos Ihrer geistigen Festplatte defragmentieren möchten, reduzieren Sie alle Hightech-Geräte auf Ihre Grundfunktion. Das entschlackt Ihr überkommuniziertes Multi-Device-Hirn. Also: Telefon = telefonieren, Computer = arbeiten, Stimme = kommunizieren, Internet = Wissensmanager und Informationsturbo, aber auch Brot und Spiele – Sie wissen, wo das enden kann. Mehr darüber erfahren Sie im nächsten Kapitel.

MERKE! DAS TELEFON IST IHRE KOMMUNIKATIONSWAFFE 1B* FÜR:

— Anlässe, bei denen das Hören von Emotionen zählt (Vertrieb!)
— Persönliches (Lob, Kritik, Liebe, Tod, Trennung, Sex & Co.)
— Dringendes (Das Haus brennt – mailen Sie der Feuerwehr?)
— Spontanes (Wer ständig online ist, ist abhängig, nicht spontan!)

* 1B, weil das persönliche Gespräch Auge in Auge immer 1A ist! Auge in Auge heißt: im selben Raum.

PLI

NG

DAS DARF JA WOHL NICHT WAHR SEIN! Entweder Sie schummeln hier ganz gewaltig, oder Sie haben bereits den Anfang vom wirklich bitteren Ende: „Pling-Phantomsound-Tinnitus".
Keine Panik. Das hatte ich auch eine Zeit lang, und das sogar in Kombination mit „Handyklingelton-Phantomsound-Tinnitus".
Setzen Sie sofort Regel #4 um und Kopfhörer mit erquicklicher Musik auf – beides hilft! Nach einer Woche sollten Ihre Ohren nur noch die Dinge hören, die Ihre Aufmerksamkeit wirklich verdienen.

6

WER E-MAILS SÄT, WIRD E-MAILS ERNTEN

DIESE REGEL IST SO GUT, dass sie eine EU-Subvention verdient. Wäre das nicht … ein Traum? If you can dream it, you can do it. Was Walt Disney konnte, können Sie auch.

DESHALB: AUF ZUR TAT! E-MAIL IST EIN PING-PONG-PROBLEM. Und genau darin liegt ein Teil der Lösung: Senden Sie 30 Prozent weniger E-Mails, dann erhalten Sie 30 Prozent weniger. Senden Sie 40 Prozent weniger, dann erhalten Sie 40 Prozent weniger – einfach, oder? Ich sollte mir dieses Prinzip patentieren lassen.

JEDE ZWEITE E-MAIL IST SO UNNÖTIG WIE SONNENALLERGIE. Warum? Weil sie:

— eine Botschaft im falschen Medium kommuniziert, Stichwort: Ihr Kollege sitzt gegenüber und hat Ohren und Stimme.
— so fahrlässig lieb- und konzentrationslos getextet ist, dass sie zu Missverständnissen und Nachfragen führt: Ping-Pong-Ping-Pong.
— peinliche intellektuelle Bankrott-Erklärungen thematisiert: „Nehmen Sie mich sofort von Ihrem miesen Spam-Verteiler!“ oder: „Weißt du, was ich mit dieser E-Mail anfangen soll?“ oder: „Streng geheim: Sie ist ein MANN!“ oder – nein! Den Rest erspare ich Ihnen und mir.

TIPP: Helfen Sie Ihren Kollegen, E-Mails zu reduzieren. Beantworten Sie unnötige E-Mails direkt in der Betreffzeile, mit folgendem Satz: „Diese E-Mail war so unnötig wie Krieg!“.

PROBIEREN SIE DIESE REGEL SOFORT AUS! Sie birgt keinerlei Entzugserscheinungen und funktioniert garantiert.

7

ERFÜLLEN SIE EIN E-MAIL-BUDGET

DAS HAT POTENZIAL FÜR EINE NEUE DIMENSION VON INSIDER-DEAL: Jeder Mitarbeiter darf täglich maximal 21 E-Mails senden – ist das Kontingent verbraucht, muss er E-Mail-Kredit aufnehmen.

JETZT WIRD ES NOCH SCHÄRFER: WIR FÜHREN EINE GESUNDE PRODUKTIVITÄTSSTEIGERNDE ART VON LEERVERKÄUFEN EIN! Und das europaweit und ohne Rücksicht auf Banken-Deals, die uns zweifelhaften Profit bringen und den Staatshaushalt nur für die laufende Legislaturperiode subventionieren. Das ist möglich – es gibt intelligentes Leben im Konzern*, am besten Sie führen es ein.

DAS IST DER DEAL: Jeder Mitarbeiter hat ein tägliches E-Mail-Budget von maximal 21 E-Mails. Je nach Branche darf das auch weniger sein. Sind 21 unverzichtbare E-Mails versendet und das Kontingent verbraucht, gibt es nur eine Möglichkeit: E-Mail-Kredit bei Kollegen aufnehmen und sich dadurch als armes E-Mail-Opfer preisgeben.

DAS IST SO PEINLICH, dass es nicht häufig vorkommen wird. Es sei denn, Sie machen aus der Not eine Tugend und kombinieren diese Maßnahme mit einem guten Zweck: Für jede Kredit-E-Mail muss der Betreffende zehn Euro in die Party-Kasse zahlen. Sie werden sehen, wie schnell Ihr Team in der Lage ist, heilsame Feste zu feiern. Handys stehen dann natürlich nicht auf der Gästeliste.

FÜR HACKER, GROSS- UND IT-KONZERNE: Nehmen Sie sich die Software-Dealer Ihres Vertrauens zur Brust. Entsprechende Systemkonfigurationen sind kein Hexenwerk, sondern eine Frage von Kosten versus Nutzen.

* Diesen Satz verdanke ich meinem Lieblingsmagazin „brand eins“. Er zierte das Juni-Cover 2011 zum Schwerpunkt-Thema „Großorganisation“.

8 MACHEN SIE DEN MIMOSEN-TEST

MÖCHTEN SIE ERHALTEN, WAS SIE ANDEREN SENDEN?
Freuen Sie sich über Wochenend-E-Mails mit Aufgaben? Über Kritik vor einem Dutzend Haien in Kopie? Nein? Sehr gut.

E-MAILEN IST WIE FAHRRAD- UND AUTOFAHREN: Wenn Sie der Radfahrer sind, hassen Sie die Autofahrer. Sitzen Sie im Auto, fluchen Sie über die „Zweirad-Terroristen". Dieser Rollentausch führt auch im E-Mail-Verkehr zu ungewollten Kollisionen. Als Empfänger empören Sie sich über den Sender und vice versa.

REGELN SIE IHREN E-MAIL-VERKEHR IM MIMOSEN-PRINZIP: Was Sie nicht erhalten möchten, senden Sie auch keinem anderen. Damit ist eigentlich schon alles gesagt und getan.

ZUR SICHERHEIT eine Liste jener E-Mails, die Sie für immer aus dem Verkehr ziehen sollten:

— Aufgaben-Listen außerhalb der Geschäftszeiten, am Wochenende, im Urlaub: Das stresst den Empfänger und zeigt nur, dass SIE Ihr Zeitmanagement nicht im Griff haben.
— E-Mails fördern Missverständnisse: Diskussion, Persönliches und Kritik via E-Mail rauben nur Zeit, Nerven und Motivation.
— Niemals in Rage: Rache ist ein Tellergericht, das kalt gegessen wird – trösten Sie sich mit dieser Mafia-Weisheit und reagieren Sie erst, wenn Sie so cool sind, dass man ein Bier auf Ihnen kaltstellen kann.
— Satanische Verse: Frauen sind da besonders aktiv. Männer hassen seitenlange Anklage-E-Mails. Schreiben ist Katharsis, Katharsis ist heilsam. Schreiben Sie so satanisch wie Sie empfinden, aber senden Sie das Ergebnis nur an sich selbst. Den Rest erledigen Sie Auge in Auge, aber nicht zwingend Zahn um Zahn.

TIPP: Lesen Sie jede E-Mail kritisch vor dem Senden. Möchten Sie diese Nachricht erhalten? Stellen Sie sich vor, Ihr Empfänger ist eine Mimose und Sie Neurosengärtner. Zweifel? Nicht senden.

9 BETREFF: ZIELEN SIE AUFS HIRN

TEXTEN SIE JEDE E-MAIL mit der Präzision eines Nachrichtenredakteurs, der Aufmerksamkeitsgier eines Werbetexters und einer Erkenntnis aus dem Neuen Testament: „Deine Sprache verrät dich“.

JEDE E-MAIL WIRBT UM AUFMERKSAMKEIT, verfassen Sie Ihre E-Mails nach dem von Werbern erfolgserprobtem AIDA*-Prinzip und strukturieren Sie sie wie ein Nachrichtenredakteur. Das beginnt bei der Betreffzeile. Ersetzen Sie dieses Wort gedanklich durch BetreffZIELE. Denn um die geht es am Anfang jeder E-Mail.

BETREFFZIELE FORMULIEREN: Warum senden Sie diese E-Mail? Was soll der Empfänger tun? Texten Sie kurz und konkret. Dabei helfen Doppelpunkt und eine Nomenklatur von „2Do:“ über „FYI:“ bis „FB:“ für Feedback. Oder vereinbarte Kürzel für Antworten (A), Handeln (H) … – je kürzer, desto besser. Ein Beispiel? Betr.: „FB: E-Mail-Effizienz-Budget freigegeben?“. Sobald Sie weiterleiten, adaptieren Sie die Betreffzeile, das reicht oftmals auch als Antwort: „OK -> E-Mail-Effizienz-Budget freigegeben!“. Streber setzen noch ein „EOM“ für „End of Mail“ dahinter, somit weiß der Empfänger, dass die Betreffzeile die gesamte Botschaft birgt – und spart Zeit.

TEXT: SCHNELL ZUM ANFANG, FLOTT ZUM SCHLUSS. Dazwischen: Fakten, Fakten, Fakten. Das heißt: alle W-Fragen beantworten. Wer, was, wie, warum und ganz wichtig: bis wann. Diese Fakten gliedern Sie mit Aufzählungszeichen, sie schaffen Anker für die Augen internetgeschädigter Querleser.

TIPP: Formulierungen wie „Wenn ich bis zum Tag x nichts höre, setze ich y um“ sind effizient, können aber Ihren Chef verärgern. Deshalb: Erst E-Mail-Regeln vereinbaren, dann vollstrecken. **STIL:** E-Mails sind Visitenkarten Ihrer Professionalität. Fehlende Interpunktion, Kleinschreibung und Smiley-Paraden sind das Gegenteil. Nie vergessen: Zeit- und IQ-Investition kann man lesen.

* A-ttention = Aufmerksamkeit, I-nterest = Interesse, D-esire = Wunsch nach mehr, A-ction = Handlung. Beispiel: Absender = Attention, Betreffzeile = Interest + Desire, Action = E-Mail öffnen. Ein guter E-Mail-Text folgt dann erneut dem AIDA-Aufbau.

10 ÄNDERN SIE DIE REGELN

E-MAIL-VERKEHRSREGELN helfen jedem Einzelnen. Erst wenn sie von allen Beteiligten beherzigt werden, wirken sie maximal. Ändern Sie die Regeln für alle, dann helfen Sie sich am meisten.

REGELN SIND SO SEXY WIE HERPES. Wenn bei Ihnen nicht gerade der Amtsschimmel wiehert, ist es deshalb sinnvoll, neue „E-Mail-Regeln“ nicht als solche zu bezeichnen oder sie gar zu „erlassen“ oder zu „verordnen“.

VERKAUFEN SIE REGELN ALS „TIPPS“, als „Kommunikationskultur“, als „Manifest für eine gesunde Kommunikation“ oder als „Offensive für weniger Stress und mehr Spaß“. „Neue E-Mail-Verkehrsregeln“ sind auch ok. Was immer Ihnen einfällt, es muss zu Ihrer Unternehmenskultur passen. Falls Sie keine haben, schaffen Sie somit eine kleine.

WAS MÜSSEN SIE FESTLEGEN? Verbindliche E-Mail-Verkehrsregeln für folgende Anlässe:

E-MAIL SENDEN

Tagesmenge, Anlass, Aufbau, Stil, maximale Textlänge, E-Mail-Öffnungszeiten, Betreffzeile/ziele, CC – wie viele Empfänger maximal, Signatur, Anhänge, Verteiler, Abwesenheit…

E-MAIL EMPFANGEN

Antwortzeiten, Spam, E-Mails nach Dienstschluss und im Urlaub, private Korrespondenz am Arbeitsplatz…

DATENSCHUTZ UND RECHTE

Wer sieht was, von wem und wann, z.B. während Abwesenheit…

DAS WICHTIGSTE ZUM SCHLUSS: UMSETZEN UND EINHALTEN

Hier erklären Sie, warum diese Regeln notwendig sind, persönlichen und allgemeinen Nutzen, Ziele, Verbindlichkeit, Motivation, Erfolgskontrolle und wenn’s sein muss: Rechtssicherheit.

Therapieplan für Unternehmen.

E-Mail-Wahnsinn ist eine Herausforderung für jeden Schreibtisch-Arbeiter. Gleichzeitig ist er aber auch unternehmerische Verantwortung für jede Firma, die Mitarbeitergesundheit und Betriebsergebnis wichtiger nimmt als der Geschäftsbericht vorschreibt. Die wirkungsvollste Therapie wird deshalb von ganz oben thematisiert und verabschiedet. Im nächsten Schritt erzielen Sie Einverständnis auf allen Ebenen. Anschließend muss jeder Einzelne aktiv aus Eigennutz und Überzeugung zur Therapie beitragen, sonst scheitert sie für alle.

1. E-MAIL- & ROI-INVENTUR MACHEN

— Wie viel E-Mail-Zeit kalkulieren Sie pro Mitarbeiter/Tag/Monat/Jahr?

— Durchschnittskosten/Jahr?

— Einsparungspotenzial definieren, realistisch: ein Drittel.

2. MASSNAHMEN PLANEN

— Das Motto: E-Mails down, results up!

— Wie reduzieren Sie E-Mails in der internen, wie in der externen Kommunikation?

— Wie begeistern Sie Mitarbeiter, Geschäftspartner und Dienstleister für die E-Mail-Diät? Wie vereinbaren Sie verbindliche Regeln? Wie erzielen Sie Einverständnis?

— Wie werden alle Beteiligten zu E-Mail-Diät-Botschaftern und Ihre Kampagne zum Selbstläufer?

— Welcher Medienmix führt zum Kampagnen-Erfolg? Welchen Anteil haben persönliche, gedruckte und digitale Kommunikation?

— Machen Sie ein Kick-off-Event? Wer hält Ihre Workshops?

— Wer trainiert Ihre Führungskräfte, wer Ihre Teams?

— Wie kommunizieren Sie neue Kommunikationsregeln so, dass sie gelebt werden?

— Was kann die IT beitragen?

— KPI: Wie messen Sie den Erfolg quantitativ und qualitativ?

— Wie sieht ein Maßnahmenplan für die kommenden 12 Monate aus?

— Wie kontrollieren Sie den Umsetzungserfolg?

3. BUSINESS CASE ERARBEITEN

— Ziel: ein Drittel weniger E-Mails = Ersparnis X

— Grobkosten Weg zum Ziel (Maßnahmen, Kampagne, Workshops) = Y

— X – Y = Return on Investment im ersten Jahr

— Zweites Jahr: Kosten für Kommunikations-Controlling + Kampagne = Y

— Ersparnis durch weiterhin erhöhte E-Mail-Effizienz = X

— X – Y = Return on Investment im zweiten Jahr

4. VORSTAND BEGEISTERN, PROJEKTFREIGABE UND BUDGET ABHOLEN

— Business Case und Maßnahmenkatalog in eine attraktive Präsentation verpacken (vorher unbedingt die Seiten 174 bis 195 lesen).

— Dem Vorstand, Chef, Budgetverantwortlichen präsentieren.

— Lob, Projektfreigabe und Budget einheimsen.

5. SÄEN, OPTIMIEREN, ERNTEN

— Neue Regeln definieren.

— Services und Mehrwerte konzipieren.

— Kampagne starten.

— Umsetzungserfolg messen.

— Optimieren, optimieren, optimieren.

— Ernten.

DIE THERAPIE-KOSTEN sind abhängig von der Firmengröße und Ihren internen Möglichkeiten, Regelwerk, Maßnahmen, Kampagnen und Workshops selbst umzusetzen. Wenn Sie externe Hilfe hinzuziehen (was ich empfehle!), sind die Kosten über den Daumen gepeilt vergleichbar mit ein bis zwei doppelseitigen Anzeigen in einem Nachrichtenmagazin.

UND FALLS SIE JETZT DENKEN: Ist ja klar, die Expertin empfiehlt ihr eigenes Geschäft, denken Sie verständlich, aber in diesem Fall falsch: Ich liebe interne Wertschöpfung und empfehle sie jedem, der Kompetenz, Kraft und Zeit dafür hat. Wenn es um E-Mail-Therapie geht, weiß ich aus Erfahrung, dass Externe schneller und nachhaltiger etwas bewirken als Propheten aus den eigenen Reihen. Ist ja auch logisch: Ernstzunehmende Beziehungsprobleme lassen Sie auch nicht von Ihrem Partner therapieren.

WAS ICH IHNEN GARANTIERE: raschen Return on Investment. E-Mail-Wahnsinn wirkt derart profitvernichtend, dass alles, was Sie dagegen tun, Ihre Wertschöpfung sofort messbar steigert.

LUST AUF EINEN ERSTEN SCHRITT? Verteilen Sie dieses Buch an alle Mitarbeiter oder bestellen Sie eine Firmen-Edition*.

* Infos zu Firmen-Editionen finden Sie hier: www.digital-therapie.com.

ERSTE HILFE

IM SINNE EINER GANZHEITLICHEN THERAPIE folgen jetzt Erste Hilfe-Maßnahmen aus der kreativen freigeistigen Alternativ-Medizin. Werfen Sie Vorurteile über Bord und lassen Sie sich von den Ergebnissen überraschen.

Atmen Sie den Wahnsinn aus!

Was gegen Wehen hilft, Yogis zentriert und Rauchern* Entspannung suggeriert, wirkt auch gegen alles, was Ihnen den Verstand raubt, zu Schnappatmung führt und Magengeschwüre fördert. Buddhistische Weisheit: Nichts gehört dem Menschen, außer seinem Atem. Und deshalb sollten Sie ihn ganz besonders achten und beachten. Ein- und Ausatmen sind der Motor Ihres Seins. Wenn Sie das ganz bewusst tun, zünden Sie einen Turbo, der entschleunigt und gleichzeitig neue Kräfte aktiviert.

* Wir atmen permanent zu flach, zu schnell, zu unbewusst. Rauchen scheint zu entspannen, weil das bewusste Inhalieren und das darauf folgende Rauchspeien die Atemgeschwindigkeit normalisiert und dieser Moment selbst-bewusst erlebt wird – nicht bei jeder Zigarette, aber bei den sogenannten „Entspannungszigaretten". Dass Rauchen weder entspannt noch die Konzentration fördert, weiß heute jedes Schulkind. Bevor ich abschweife, ein letztes Rauchzeichen: Ich bin felsenfest davon überzeugt, dass die Zahl der Raucher radikal sinkt, sobald man „Atmen" als Schul- und Prüfungsfach einführt. Sollte das jemand lesen, der die Macht hat, diese Idee umzusetzen – bitte sehr, geschenkt!

ZUTATEN: Ihre Lungen und Ihre Muße.

DOSIERUNG: Mindestens dreimal täglich, idealerweise als Wiederholungstat, die sich als Ritual in Ihrem Hirn etabliert. Zum Beispiel bevor Sie morgens Ihre Aufgabenliste schreiben, bevor Sie erstmals E-Mails abrufen, vor jedem Meeting, vor dem Nachhausekommen etc.

ANWENDUNG: Atmen Sie einmal so tief ein, als wollten Sie mit Ihrem Atem den Erdmittelpunkt erreichen. Dann halten Sie den Atem an und zählen langsam bis fünf**. Dann atmen Sie mit einem geräuschvollen Stoß-Seufzer aus, und zwar so lange, bis kein Quäntchen Luft mehr in Ihrer Lunge zu sein scheint. Falls Sie Inspiration brauchen: Ein geräuschvoller Stoß-Seufzer ist ein Laut, der Ihnen in der Fußgängerzone ad hoc fünf Euro Spontanspende einbringen würde. Falls Sie die Geräuschentwicklung im Büro fürchten, sage ich nur: Wo ein Wille ist, ist ein WC! Das war Teil eins der Übung.

TEIL ZWEI: Atmen Sie nun zehnmal ein und aus und zählen Sie bei jedem Ein- und Ausatmen bis zehn.

BITTE UMBLÄTTERN

Falls Ihnen das total gaga vorkommt, Millionen Yogis finden das ganz normal. Probieren Sie es vorurteilsfrei aus. Sie werden erleben, wie gut das tut!

** Raucher! Keine Angst, das fühlt sich nur beim ersten Mal wie Ersticken an. Beim zweiten Mal sollten Sie überlegen, ob es nicht eine geschmackvollere Art gibt, sich frühzeitig und faltig in die ewigen Jagdgründe zu schicken. Für Freitaucher und Fortgeschrittene: Die Grenze nach oben definiert Ihre Fitness – es soll nicht einfach sein, aber auch nicht in eine Nahtoderfahrung münden.

EIN-AH-1-AH-2-AH-3-AH-4-AH-5-

AUS-AH-1-AH-2-AH-3-AH-4-AH-5-

-6-AH-7-AH-8-AH-9-AH-10-TMEN,
-6-AH-7-AH-8-AH-9-AH-10-TMEN!

Bevor Sie rot sehen, sehen Sie … GELB!*

Eine Übung, die Ihr Immunsystem stärkt, Ihre Laune optimiert, Ihren Geist konzentriert und Ihre Finger fern hält vom Schlag ins Gegenübergesicht und vom Verlegenheitsgriff zu Handy, Posteingang oder Maus.
PS: Agnostiker! Das ist kein pseudo-kreativer Kifferdreck, sondern angewandte Farbpsychologie in Kombination mit Autosuggestion und Licht-Therapie. Schulmediziner! Sie glauben an den Placebo-Effekt? Dann geben Sie Alternativmedizin eine Chance!

ZUTATEN: Ihre Augen, Ihre Vorstellungskraft und die Farbe Gelb.

DOSIERUNG: Mindestens einmal am Tag, idealerweise als Wiederholungstat, die sich als Ritual in Ihrem Hirn etabliert. Zum Beispiel immer auf Ihrem Weg zur Arbeit.

ANWENDUNG: Schicken Sie Ihre Augen auf die Suche nach allem, was gelb ist. Sobald Sie etwas Gelbes entdecken**, stellen Sie sich vor, aus der gelben Farbe strömen reinste Sonnenenergie, beste Laune, Gelassenheit, Freude und Kraft direkt in Sie hinein. Die Esoteriker unter Ihnen dürfen diesen Gedanken noch weitertreiben und fühlen, wie das Gelb Ihren Körper zum Leuchten bringt und Sie von der Iris bis zur Ferse in eine strahlende Mittagssonne verwandelt.

* Inspiriert von „Wie man sein Leben ändert, indem man absolut NICHTS tut" von Karen Salmansohn, Thiele Verlag, 2010.

** Schummeln ist erlaubt: Falls z.B. Ihr Chef die Hornhaut Ihrer Nerven strapaziert, stellen Sie sich einfach vor, er trägt Boxershorts mit großen GELBEN Bananen. Alternativ können Sie sich auch weinende Smileys oder senfgelbe Miederhosen bei Ihrer Chefin vorstellen. Ich gehe davon aus, dass Ihre Fantasie ausreicht, um zu verhindern, dass Sie das Ziel Ihrer Projektion länger als schicklich fixieren und möchte in diesem Zusammenhang sicherheitshalber an meinen Haftungsausschluss für unerwünschte Nebenwirkungen aller Art erinnern.

Weißmalerei

Ich will, ich kann, ich werde. Ankreuzen, ausfüllen, einhalten!

AB SOFORT BEARBEITE ICH BERUFLICHE E-MAILS nur montags bis freitags zwischen ___ und ___ Uhr.
Was außerhalb gängiger Geschäftszeiten liegt, ist Masochismus. Private E-Mails erledigen Sie in Ihrer Freizeit!

MEINE E-MAIL-ÖFFNUNGSZEITEN SIND UM:
☐ 10 Uhr ☐ 14 Uhr ☐ 17 Uhr ☐ ___ Uhr ☐ ___ Uhr
Mehr als drei Kreuze? Sagen Sie nicht, ich hätte Sie nicht gewarnt …

IN DIESER ZEIT schreibe, lese und bearbeite ich E-Mails für jeweils:
☐ 30 Minuten ☐ 60 Minuten ☐ 90 Minuten ☐ ___ Minuten
Alles über 90 Minuten heißt: Sie sind eine überbezahlte Schreibkraft!

MEINE NEUEN ÖFFNUNGSZEITEN KOMMUNIZIERE ICH:

☐ per Signatur „E-Mails boykottieren meine und Ihre Produktivität. Bitte beachten Sie meine neuen E-Mail-Öffnungszeiten …“
☐ im nächsten Team-Meeting
☐ als Kommunikationsrichtlinie
☐ jedem neuen Kunden/Kollegen/Dienstleister
☐ als Tipp in der Mitarbeiterzeitschrift, im Newsletter, im Intranet
☐ auf keinen Fall via „Automatischer Antwort“
☐ ____

BEVOR ICH ONLINE GEHE,

- ☐ fixiere ich die 20 Prozent der Aufgaben, die mir 80 Prozent Arbeitsergebnis bringen (siehe Seite 48).
- ☐ priorisiere ich die restlichen 80 Prozent nach Wichtigkeit, Dringlichkeit und Delegationspotenzial.
- ☐ sage ich einem Menschen etwas Herzerwärmendes. Falls niemand nah scheint, loben Sie sich selbst: Sie sind ein Mensch und sollten immer bei sich sein, auch wenn es sich manchmal anders anfühlt.
- ☐ atme ich einmal den Wahnsinn aus (siehe Seite 76).
- ☐ sammle ich eine große Ladung „Gelb“ (siehe Seite 80).
- ☐ bin ich dankbar, dass ich am Leben bin.
- ☐ denke ich an Menschen, die echte Probleme haben! Dazu brauchen Sie keine News-Seite ansurfen, denken Sie einfach an Worte wie „Intensivstation“, „Afrika“ oder „US-Präsident“.
- ☐ nehme ich mir vor, heute mindestens 60 Minuten zu erleben, die es wert sind, ein zweites Mal gelebt zu werden.

GENERELL GELOBE ICH:

- ☐ Persönliches persönlich zu kommunizieren, wann immer es geht.
- ☐ mehr zu telefonieren – auch Freunde haben eine Stimme jenseits ihrer Facebook-Statusmeldung.
- ☐ weniger digital, dafür mehr real anwesend zu sein.

Schwarzmalerei

Ich will nicht, deshalb werde ich nicht. Ankreuzen, ausfüllen, nie wieder tun!

AB SOFORT VERSENDE ICH NICHT MEHR ALS:

■ 7 ■ 11 ■ 21 ▭ E-Mails am Tag

Mindestens um ein Drittel weniger als bisher!

IN MEETINGS BIN ICH FORTAN NICHT MEHR:

■ hinter einem Laptop versteckt ■ unkonzentriert ■ geistig abwesend ■ manisch abgelenkt ■ telefonisch erreichbar ■ der, der „lautlos“ vibriert

Plakatieren Sie diese Bekenntnisse in jedem Besprechungsraum!

ICH WERDE MEIN E-MAIL-PROGRAMM NICHT MEHR:

■ öffnen, um „nur mal kurz nachzusehen“.
■ mit widersinnigen Klicks auf den „Senden/Empfangen“-Button quälen.
■ als Abwesenheits-Spammer missbrauchen, wenn ich 24 Stunden offline bin.
■ außerhalb meiner E-Mail-Öffnungszeiten anklicken.
■ als Tagebuch, Psycho-WC, Mobbing-Waffe, Ombudsfrau/-mann, Werbefriedhof, 24h-Hotline und Mülltonne zweckentfremden.
■ als Ego-Barometer missverstehen.
■ ▭
■ ▭

DAS TUE ICH NIE WIEDER. NIE. NIEMALS. VERSPROCHEN.

- Im Bett E-Mails abrufen und beantworten.
- E-Mails beantworten, wenn ich dafür weder Hirn noch Zeit habe, z.B. im Auto, während Meetings, auf dem Klo, im Kino, auf dem Kinderspielplatz, während der Frei- und Familienzeit, nachts, im Urlaub oder im Kreißsaal.
- Vorgesetzte konspirativ in der BCC-Zeile platzieren.
- Machtträger als Druckmittel oder Lebensversicherer CC positionieren.
- Mehr als drei Menschen in Kopie setzen.
- E-Mails an alle senden, um Inhalte zu kommunizieren wie „Hat jemand die Kaffeetasse mit der Aufschrift ‚Büroschlaf ist Schönheitsschlaf' gesehen?".
- Unnötige E-Mails senden, z.B. die „Danke für Ihr Danke"-E-Mail.
- Larifari-Betreffzeilen texten, z.B. „Meeting" oder „Mail erhalten?".
- Anklageschriften, Diskussionen, Kündigungen, Trennungen, Schweinskram und XL-Anhänge per E-Mail versenden.
- Meine dienstliche E-Mail-Adresse für privaten Kram zweckentfremden.
- Mich für eine gesündere E-Mail-Kultur stark machen und zulassen, dass alles in der Flut verebbt, weil ich leider wieder mal „Land unter" bin.
-
-

Verbrennen Sie Ihr schlechtes Kommunikations-karma!

Und zwar hier und JETZT. Das ist kein Scherz. Diese Methode wird von führenden Hell-Sehern, sonstigen Volksverführern und Nummernkonto-Besitzern seit Jahrtausenden erfolgreich praktiziert und empfohlen.

DENKEN SIE NICHT LÄNGER NACH, DAS VERHINDERT NUR DIE TAT – und nichts zählt mehr. Los jetzt! Reißen Sie die linke Seite raus, schnappen Sie sich einen feuerfesten Topf oder einen Zigarren-Aschenbecher und zünden Sie die Seite an! Sie erinnern sich: Auf der Rückseite haben Sie Wichtiges aufgelistet, was Sie in Zukunft im Zusammenhang mit E-Mails NIE WIEDER tun werden. Während das Papier brennt, verabschieden Sie sich in aller Ruhe von Ihren schlechten E-Mail-Gewohnheiten. Und bitte kommen Sie dabei nicht auf die widersinnige Idee, parallel zum Karma-Brand die Atemübung von Seite 76 zu starten!

WARNHINWEISE & HAFTUNGSAUSSCHLUSS

OFFENES FEUER kann wüten wie Godzilla! Deshalb: Vorsicht in geschlossenen Räumen, in Waffenfabriken und an Tankstellen. Bevor Sie das Feuer entfachen, schalten Sie bitte mal kurz Ihren Hausverstand an, denn: für unerwünschte Schäden übernehme ich keine Haftung. KEINE. Jegliche erwünschte Wirkung nehme ich hingegen sehr gerne auf meine Kappe.

LIEBE KINDER, diese Übung solltet ihr nur im Beisein eines Erziehungsberechtigten mit Rechtsschutzversicherung machen. Ach so, ihr schreibt ja gar keine E-Mails mehr. Das ist super! Stattdessen kommuniziert ihr nur noch via Social Network und Instant Messenger, und das rund um die Uhr. Das halte ich für sozial inkontinent. Aber keine Panik: Auch für euch schreibe ich ein Selbsthilfe-Buch. Aber erst, wenn ihr erwachsen seid und es ausreichend wissenschaftliche Beweise dafür gibt, dass Dauer-Kommunikation auf zig Kanälen auch junge, lernfähige Hirne krank macht, sobald die Festplatte ausgewachsen und übervoll ist.

Ihr Pakt mit dem Teufel*

Schreiben und unterschreiben Sie diesen Brief an sich selbst. Dann trennen Sie die Seite raus, kuvertieren und frankieren das Ganze und senden sich diesen Brief per Post. Richtig gelesen: mit der Schnecke. Sobald Sie den Brief erhalten, lesen Sie ihn sich laut vor. Und dann sind Sie ausnahmsweise mal ganz ehrlich zu sich selbst und beantworten ein letztes Mal die Frage, ob Sie in Zukunft weitere Produktivität und Lebenszeit an unnötige E-Mails vergeuden möchten.

* Falls Sie Zweifel daran haben, wer der Teufel ist oder sein kann, lesen Sie Sartre oder sehen Sie sich einfach nochmals den Empfänger dieses Briefes an – das ist zeitsparender.

Gepriesen seist du, ________________________________!

Wie gut, dass du dir Zeit nimmst, um über das nachzudenken, was einzigartig, aber vergänglich ist: deine Kreativität, deine Produktivität, deine Gesundheit, dein Leben.

Stell dir vor, der Teufel erscheint dir in deiner eigenen Gestalt und sagt, du hast nur noch 72 Stunden. Wie viele davon wirst du mit E-Mails verbringen? ______ Stunden.

Stell dir nun vor, du hast wieder nur 72 Stunden, um deine Firma vor der Pleite zu retten – und 100 Mitarbeitern den Arbeitsplatz. Teufel, Teufel … – wie viele deiner verbleibenden 72 Stunden wirst du mit E-Mails verbringen? ______ Stunden.

Dann kommt die gute Fee. Am jeweils dritten Tag regelt sie alles. Würdest du deine alten E-Mail-Gewohnheiten wieder aufnehmen? ______________.
Falls ja, bitte in den Gelben Seiten unter „Wunderheiler“ nachschlagen.
Und falls nein, warum änderst du sie nicht bereits heute?
____!
Ist das nicht eine schwache Ausrede, die weder deiner Intelligenz- noch deiner Gehaltsklasse würdig ist? Aber, ob du's glaubst oder nicht: Jetzt kommt die gute Fee erneut! Als Dank für deine E-Mail-Reduktion schenkt sie dir täglich eine Stunde Produktivität und eine Stunde Privatleben. Wie investierst du deine gewonnene Stunde Produktivität: ____;
wie die Stunde Privatleben? ____________________________________.
Glaubst du, dein Leben wäre reicher dank dieser zwei Zusatzstunden? __________!

Ich schwöre, bei allem, was mir lieb, heilig oder gottlos ist, dass ich ab heute alles tun werde, um weniger Lebenszeit von mir und anderen mit E-Mails zu vergeuden!

____

Unterschrift (optional mit Eigenblut)

DENKPAUSE.

ATEMPAUSE.

ZEIT FÜR EINE KLEINE INVENTUR. Was werden Sie an Ihrem E-Mail-Verhalten ändern? Welche Regeln werden Sie umsetzen, welche neuen Rituale in Ihren Tagesablauf integrieren? Nehmen Sie sich zehn Minuten Zeit und ein ehrliches weißes Blatt Papier zur Hand.

SCHREIBEN SIE DREI DINGE AUF, die Sie ab sofort ändern werden und weitere drei, die Sie langfristig in Angriff nehmen. Dann schenken Sie sich eine Stunde allerfeinste Freizeit. Wenn Sie anschließend weiterlesen möchten, gut. Besser: Ihrem Arbeitsgedächtnis eine Pause gönnen – morgen ist auch noch ein Tag.

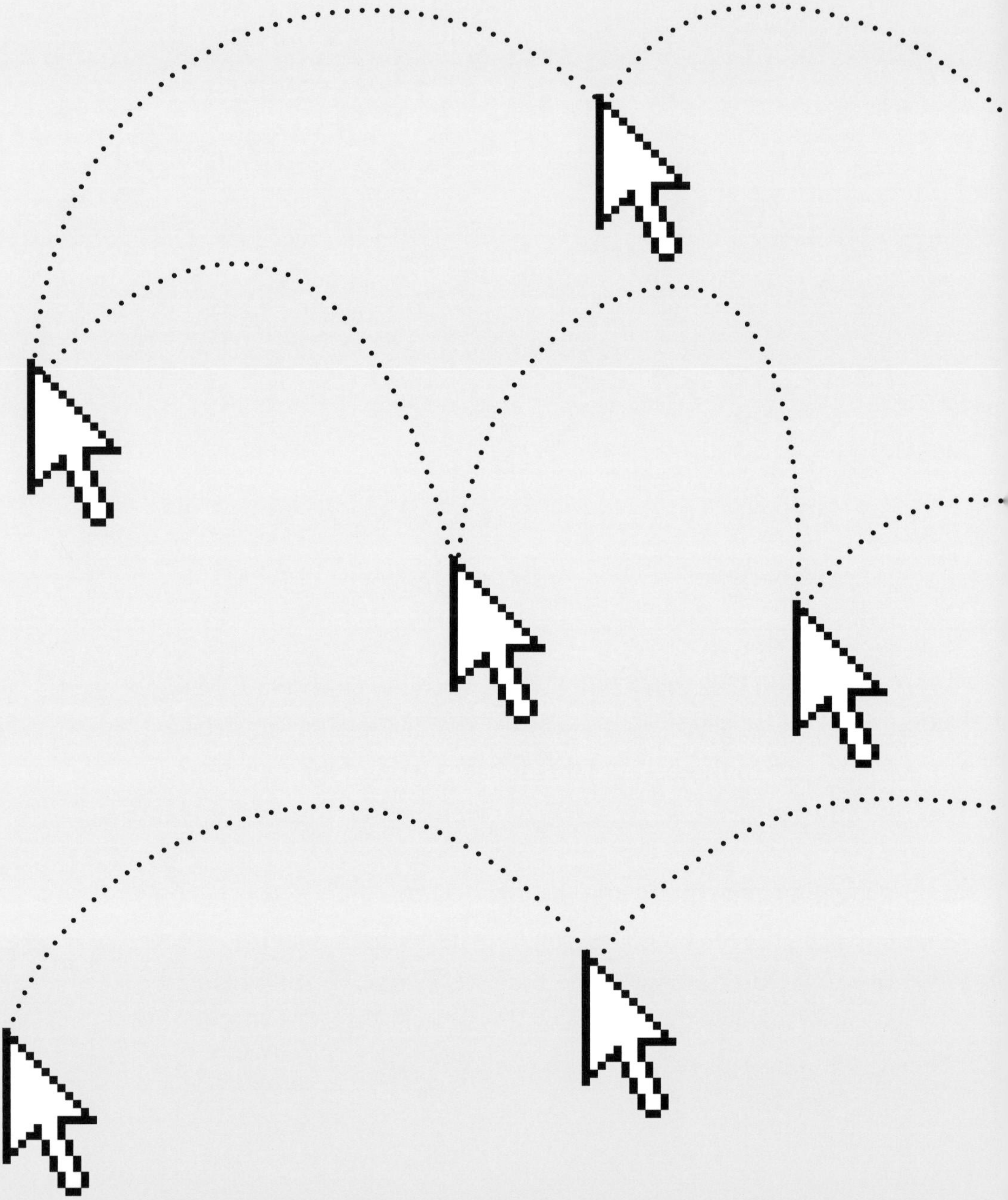

Sinnlos-Surf-Syndrom

[MAUS MANICUS IRRATIONALIS]

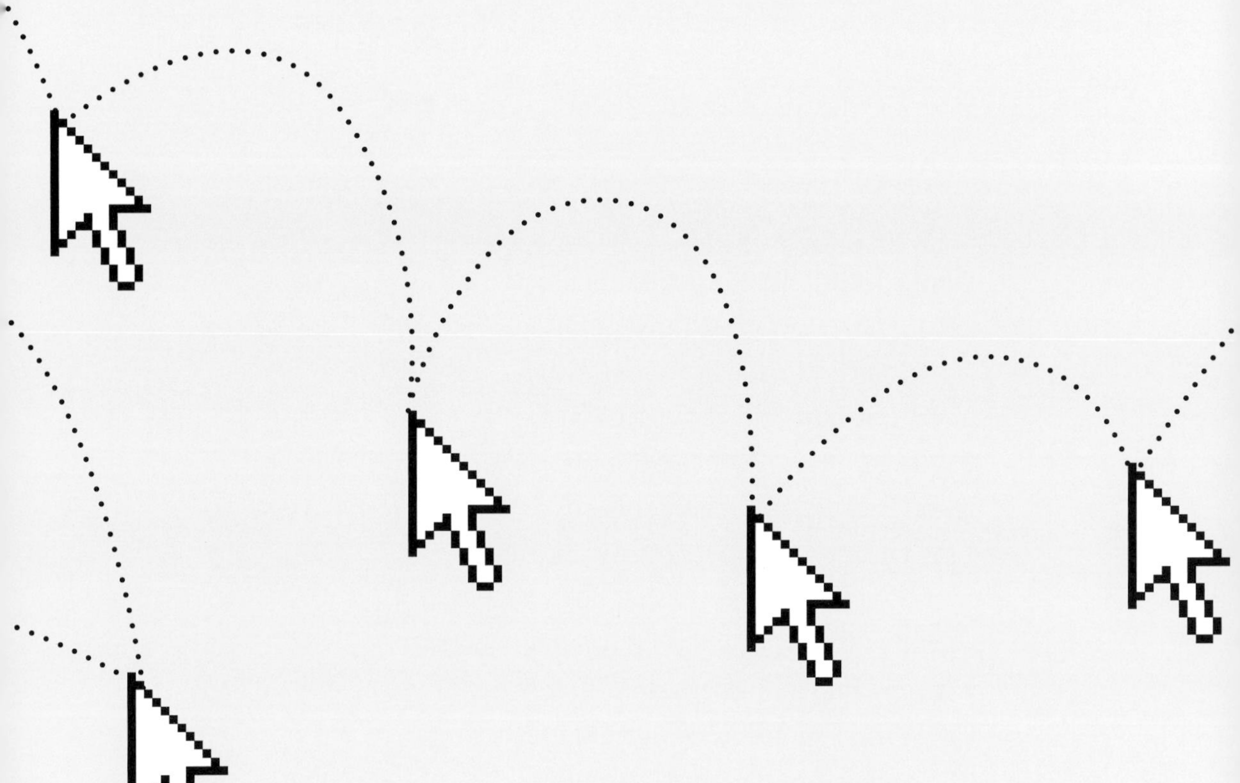

SINNLOS-SURF-SYNDROM: Zielloses, zwanghaftes Internet-Surfen, das zu gravierendem Zeit-, Konzentrations- und Produktivitätsverlust führt, der von Betroffenen nicht wahrgenommen wird. Endstation: geistiger Festplatten-Crash durch Reizüberflutung. Sinnlos-Surf-Syndrom wurde früher auch als „Recherchieren", „Arbeiten" und „nur-mal-kurz-im-Internet-nachsehen" bezeichnet.
VERWANDTE KRANKHEITSBILDER: Dauer-Stress, Zeit-Hungersnot, Attention Deficit Trait, Internetsucht, Verblödung, Kündigung, Übergewicht, Ehekrach.

› Ich bezweifle, dass jemand mit Internetanschluss an seinem Arbeitsplatz gute Literatur schreiben kann.

JONATHAN FRANZEN
„TEN RULES FOR WRITING FICTION" , THE GUARDIAN, 20.02.2010

Sinnlos-Surfen …

KOSTET LEBENSZEIT: Rechnen Sie einfach mal nach: Wenn Sie an 365 Jahrestagen im Schnitt vier Stunden surfen, sind das in Summe 1.460 Stunden. Abzüglich acht Stunden Schlaf pro Tag sind das 91,25 Tage im Jahr. Sie verbringen demnach ein Viertel Ihrer aktiven Lebenszeit im Internet. Hand aufs Herz: Würden Sie sich selbst ein Kleinkind anvertrauen?

ENTFREMDET: Liebe lebt von Aufmerksamkeit. Wer sie nicht für sich selbst hat, kann keine geben. Wer „always-on“ ist, ist nie wirklich präsent. Die Worte „Internet“, „Handy“ und „Facebook“ zieren inzwischen jede vierte Scheidungsklage in den USA – Tendenz steigend.

IST SUCHT: Mehr als eine halbe Million Deutsche zwischen 14 und 64 Jahren ist internetabhängig. Zweieinhalb Millionen Deutsche werden laut einer Studie der Universitäten Lübeck und Greifswald als suchtgefährdet eingeschätzt. Alarmierende Ergebnisse bei den 14- bis 24-Jährigen: 2,4 Prozent werden als „abhängig“, 13,6 Prozent als „problematisch“ eingestuft. In Österreich geht das Wiener Anton-Proksch-Institut von 80.000 Internetsüchtigen aus. In China ist laut „China Youth Association for Network Development“ ein Zehntel der Surfer zwischen 13 und 31 Jahren süchtig – betroffen sind überwiegend Männer.

VERNICHTET PRODUKTIVITÄT: Im Mai 2010 konnte die Welt anlässlich des 30. Geburtstags des Videospiel-Klassikers Pac Man selbiges als Mini-Game mit dem Google-Logo auf der Startseite der Suchmaschine spielen. Die Zeiterfassungs-Software „Rescue Time" bilanzierte: Das Spiel habe 4,82 Millionen Arbeitsstunden aufgefressen und damit rund 120 Millionen Dollar Arbeitslohn gekostet. Mit dieser Summe hätte man rund 20.000 Google-Mitarbeiter sechs Wochen lang mieten können.

MACHT DOOF: Stanford-Forscher haben 2009 herausgefunden, dass Medien-Multitasking die Arbeitsgeschwindigkeit verlangsamt und die Ergebnisse verschlechtert. FAZ-Herausgeber Frank Schirrmacher geht in seinem Buch „Payback" einen Schritt weiter: „Multitasking ist Körperverletzung", schreibt er. Sein Fazit: „Multitasking ist der zum Scheitern verurteilte Versuch, selbst zum Computer zu werden."

MACHT ABHÄNGIG: 200 Studenten im Alter von 18 bis 21 Jahren zeigten bei einem Test der Universität Maryland nach verordneter Internet-Abstinenz dieselben Entzugserscheinungen wie Alkoholabhängige. Die Studenten mussten einen Tag auf Soziale Netzwerke, E-Mail und Handy verzichten. Besonders schwer fiel der Verzicht auf Soziale Netzwerke. Ein Leben ohne Facebook und Co. sei für die Studenten gleichbedeutend mit einem Leben ohne Freunde und Familie, erklärte die Studienleiterin nach einer qualitativen Befragung.

Surfen bis zum Hirnverlust.

1989 wurde der erste Browser erfunden. Wie hieß der noch gleich? Moment, ich muss kurz mal googeln. *26 Minuten später. Sorry, aber da hat gerade so ein Idiot etwas an meine Facebook-Pinnwand gespammt.* Also – was wollte ich schreiben? Ach, ja: Der erste Browser. Raten Sie mal, wie der hieß! „World Wide Web“. Süß, oder? Jetzt kennen Sie den Namenspaten des WWW – bei Sinnlos-Surfern auch als „WehWehWeh“ bekannt.

1993: DIE GROSSE FIREWALL WIRD ERRICHTET. Während das gemeine Internetvolk noch kaum Surf-Erfahrung vorweisen kann und die meisten nicht mal ein Handy haben, bauen die Chinesen bereits den „Goldenen Schild". Eigentlich merkwürdig. Momentchen, ich muss mal kurz eine Chinesische Weisheit recherchieren. *38 Minuten später. Verzeihen Sie mir erneut! Ich bin nach ein paar Seitklicks bei der „Asia Tea Company" gelandet und habe dort den „Sencha Superior" bestellt. Das wäre Ihnen auch passiert, wenn Sie die Retro-Verpackung gesehen und diesen liebevoll formulierten Produkttext gelesen hätten: „Ein großartiger grüner Tee aus China mit rundem Geschmack und einer leichten Strenge. Ein Highlight chinesischen Wissens gepaart mit japanischer Methodik." Schnell noch eine Erinnerung in den Kalender jagen: Meine Lektorin darf diesen Text nicht ausbessern!* So, wo waren wir? 1993. China. Der Goldene Schild. Er hat als „Die große Firewall" Internet-Geschichte geschrieben. Jetzt frage ich Sie, wie diese Präventiv-Zensur sechs Jahre vor Google, 12 Jahre vor YouTube und 13 Jahre vor Facebook zu dieser Chinesischen Weisheit passt:

„MAN DARF DAS GRAS NICHT WACHSEN HÖREN, SONST WIRD MAN TAUB."

Weil, genau das passiert heute im Internet. Menschen haben panische Angst, das Wachsen des kleinsten Grashalms zu überhören. Vor lauter Verpassensangst surfen wir rund um die Uhr bis wir taub werden für alles, was außerhalb der digitalen Brutstätte stattfindet – früher auch Leben und Arbeiten genannt. Taub? *Moment, da plingt doch etwas? Mann! Das neue Skype-Update hat meine Selbstschutz-Einstellungen revidiert. Statt „unsichtbar" war ich „sichtbar" und wurde gerade geräuschvoll angechattet. War dennoch wichtig. Meine argentinischen Freunde haben mich als Skype-Video-Gast zu einer Geburtstagsfeier eingeladen, die in – verdammt, wie spät ist es? Mist! Ich war doch danach nur ganz kurz auf Facebook und das Hundebaby-Video auf YouTube musste sein. Na ja, das anschließend mit dem Slow Lorris hätte ich mir sparen können, habe ich schon zigmal belacht … Aber: Manchmal braucht Frau sinnlose Erheiterung – wo waren wir? Das wird der peinlichste Text im ganzen Buch.* Ja, also, ich muss Ihnen jetzt binnen fünf Minuten den Rest beschreiben. Weil, Video-Chat im Schlafanzug geht gar nicht. Sie sehen mich ja wenigstens nicht, während ich hier über die Ursachen des Sinnlos-Surf-Syndroms schreibe, beziehungsweise, es redlich versuche. Zu meiner Verteidigung starte ich jetzt einen Frontalangriff.

WOHER KOMMT DAS SINNLOS-SURF-SYNDROM?

„Die Fantastischen Vier" würden als Antwort „Es ist nur in deinem Kopf" rappen. *Augenblick, ich starte das YouTube-Video.* Wissenschaftler sagen: Das Sinnlos-Surf-Syndrom kommt aus unserem Hirn. Das arbeitet heute noch mit „Steinzeit-Konfiguration". Diese bewirkt, dass wir auf Reize mit Aufmerksamkeit reagieren. Ein beliebter Steinzeit-Reiz war zum Beispiel der Bär – Killer oder Abendessen. Und weil früher jeder Reiz der letzte sein konnte, schüttet unser Hirn seit Urzeiten als Reaktion den Botenstoff Dopamin aus. Je mehr Reize, desto mehr Dopamin. Wenn wir surfen und vielleicht noch parallel chatten, dann zündet ein Dopamin-Feuerwerk in unserem Hirn – und danach wird es süchtig, populärwissenschaftlich ausgedrückt. Mehr Dopamin heißt: mehr Reize. Also öffnen wir die Grenze ins Sinnlos-Reich. Ein gesunder Mensch nimmt nur zehn Prozent aller Umweltreize bewusst wahr. Ein Sinnlos-Surfer zehn Prozent aufwärts. Wenn kein Reiz kommt, suchen wir ihn selbst. Wir bewerten nicht mehr, was wichtig oder nichtig ist, klicken bis zum Hirnverlust, vergeuden Arbeits- und Lebenszeit, schreiben abgelenkt Buchtexte, hören das Gras wachsen und – werden taub.

PS: Damit ich die folgenden Seiten denken und schreiben kann, gehe ich wieder offline. Versprochen.

Haben Sie das Internet im Griff,

oder

das Internet Sie?

Vom Internet Explorer zum …

2004: KRIEG! World of Warcraft öffnet eine spielerische Parallel-Welt im Web. Aus Spiel wird Ernst …

2004: TIPP MICH! Instant Messenger bekommen Gesellschaft vom Web-Telefon Skype. Auch Sie bekommen Besuch im Büro: Freunde und Kollegen sind via Chat ständig erreichbar. Ihre Tasten glühen …

2003: MY SPACE? YOUR SPACE! Ihre Firma hat eine Web-Visitenkarte und nennt sie „Homepage". Sie haben sich bei einem neuen „Billion-Dollar-Baby" registriert und nennen Ihr neues Web-Wohnzimmer fortan „MySpace". Ihr „Freundeskreis" wächst und wächst.

2002: ALLE HABEN EINEN IPOD. Sie auch. Ihre Musik kaufen Sie bei iTunes. Amazon, Apple und eBay sind die einzigen Online-Marken, denen Sie erneut Ihr Geld anvertrauen – und das auch gerne zu Bürozeiten.

2001: SIE WERDEN ALLWISSEND. Wikipedia öffnet sich dem Wissen der Weltmassen. Sie werden ein bisschen denkfaul, aber das werden alle anderen auch. Was Sie noch nicht wissen: Würden Sie Ihren Hirnverlust „Crowdsourcing" nennen, hätten Sie einen Trendbegriff geprägt.

2000: PLÖTZLICH MACHT ES BLUBB. Die Internet-Blase ist geplatzt. Dabei waren Sie gerade Hobby-Spekulant geworden. Ihr Geld ist weg, Ihr Vertrauen auch. Aber: Sie surfen weiter.

1998: GOOGELN IST ARBEITEN. Ihr Internet-Zugang wird zur Hauptschlagader für alles, was Sie tun: Ein bisschen Google hier, ein bisschen Napster da … – das Internet ist DIE neue Goldgrube und Sie graben in der ersten Reihe.

1996: SIE SIND DRIN. Die Melodie des Modems ist Musik in Ihren Ohren. Die Welt des Wissens, die Welt der Wunder hat rund um die Uhr für Sie geöffnet – yahoo!

2005: YOUTUBE WIRD IHR BÜRO-TV. Auf Ihrem neuen Schreibtisch-TV-Sender YouTube sehen Sie alles, was Sie nie sehen wollten, aber dennoch irgendwie sehenswert finden. Und Sie sehen die Zugriffszahlen und begreifen: Das wird groß.

2006: GOOGLE KAUFT YOUTUBE, FACEBOOK KOMMT. Wenn Sie Geld hätten, wüssten Sie schon, wo Sie es investieren würden. Vor lauter Surfen ist Geldverdienen jedoch gerade etwas nebensächlich.

2007: YOUPORN UND IHR BEITRAG. Der Umsatz der analogen Porno-Industrie bricht um 50 Prozent ein – auch Sie haben Ihren Teil dazu „beigetragen", schließlich braucht ein harter Bürotag Entspannungseinheiten.

2007: VIA IPHONE IN DEN UNTERGANG. Sie waren bislang noch nicht Blackberry-abhängig? Dann wird das iPhone Ihre neue Nabelschnur zur Welt, zur Arbeit, zum „Leben". Sie haben alles stets griffbereit in der Hosentasche und beginnen, jede freie Minute online zu gehen. Einfach so, so einfach.

2008: YES, HE COULD. Barack Obama wird der erste „Web"-Präsident der Welt. Warum? Weil so viele US-Amerikaner inzwischen genauso Handy- und Surf-hörig sind wie Sie und die Wahlkampagne sie genau dort erwischt hat.

2009: FACEBOOK WIRD IHR ZWEITES ZUHAUSE. Sie haben sich lange gewehrt, jetzt sind Sie dabei! Facebook ist Ihr neues Ich. Ihre Pinnwand wird wichtiger als Klogänge, die Zahl Ihrer „Freunde" Key Performance Indicator für Ihren Wert als … ja, was eigentlich?

2010: SIE ZWITSCHERN MIT. Eigentlich finden Sie Twitter doof. Das liegt daran, dass Sie nicht so ganz verstehen, wozu Twitter gut sein soll. Weil Sie das nicht zugeben möchten, zwitschern Sie mit. Anfangs nur drei Mal am Tag, nach drei Wochen stündlich.

2011: IPAD2 UND GOOGLE+. Es wird noch schlimmer. Ihr neues iPad ist jetzt auch beim Fernsehen dabei. Surfen, schauen, liken, twittern. Manchmal wünschen Sie sich die Multi-Tipp-Fähigkeit einer Krake. Ohne die, glauben Sie, Google+ nicht zu schaffen und registrieren sich dennoch.

2012. Was Ihre Kinder treiben, steht auf Facebook. Was Ihrer Frau gefällt, finden Sie auf Pinterest. Wo Ihre Freunde sind, sehen Sie auf Foursquare. Wo Sie gerade sind, wissen Sie nicht mehr genau. Arbeit, Freizeit, Familie, alles im Netz. Und Ihr Denken, Ihre Konzentration, Ihr Gedächtnis? Outgesourct.

… Sinnlos-Surfer.

DAS IST DER ANFANG VOM ENDE. Wenn Sie Ihr Sinnlos-Surf-Syndrom jetzt nicht ändern, ändert es Sie!

„Das Internet ist der Motor meines Lebens."

Alexander*(28) ist IT-Spezialist und Job-Hopper. Seine Surf-Sucht wurde vom Karriere-Turbo zum Fallbeil. Bevor sein Produktivitätsdefizit auffällt, wechselt er den Job – im Schnitt alle 12 Monate, Gehaltserhöhung inklusive.

In den vergangenen vier Jahren habe ich drei Mal den Job gewechselt. Ich hab's getan, bevor auffiel, dass meine Internetsucht meine Produktivität vernichtet. Ich bin IT-Spezialist – die werden überall gebraucht und gut bezahlt. Das Job-Wechseln ist nicht mein Problem, mein Kopf ist das Problem. Ich kann nicht mehr abschalten. Oder anders gesagt: Ich muss ständig online sein, sonst fehlt mir etwas. Und dieses „etwas" ist irgendwie alles, was mich ausmacht und erfüllt – ich kann nicht ohne.

Wie kam es dazu? Ich habe immer schon in meiner Freizeit programmiert und ja, ich bin eine Zeit lang in die Game-Welt gekippt. So richtig. Ich bin nicht der typische Nerd. Ich habe auch Freunde im realen Leben, immer noch. Heute spiele ich weniger. Aber mit

* In diesem Protokoll beschreibe ich Menschen, Zustände und Ereignisse, die ich in den vergangenen 15 Jahren miterlebt habe. Ähnlichkeiten mit Ihnen oder mir bekannten Erdenbürgern sind zufällig und ungewollt.

den Games fing alles an. Sie haben das Internet zum Motor meines Lebens gemacht.

Im Job habe ich mich zurückgehalten, aber es ist trotzdem aufgefallen. Ich habe auch immer weniger geschlafen und war oft bis zum Morgengrauen online. Wenn ich online war, war ich auch für Kollegen und Kunden erreichbar und habe E-Mails beantwortet oder Projekte via Chat abgewickelt. Schließlich sollten alle sehen, wie „produktiv" und „engagiert" ich bin.

> „Ich bin mein Gehalt nicht mehr wert."

Die Wahrheit ist: Ich bin eigentlich nie erreichbar – ich bin immer bei so vielen Sachen, dass ich bei keiner mehr richtig bin. Ruhe macht mich rastlos. Mein Teufelskreis? Zwischen manisch surfen und dauerchatten mache ich Fehler. Irgendwann werden sie bemerkt. Dann weiß ich: Ich bin mein Gehalt nicht mehr wert. Der Markt kennt da keine Gnade, dafür kenne ich ihn zu gut. Also gehe ich selbst und verkaufe mein Job-Hopping gehaltstreibend als die „Suche nach neuen Herausforderungen". Bislang läuft das gut, aber ...

Ich weiß, dass ich etwas ändern muss. Bloß wie? Surfen ist wie Rauchen. Ich will aufhören und fühle, dass mich alles andere umbringt. Aber ich habe so viel unerklärliche Angst davor, es tatsächlich zu tun, dass ich die Kraft nicht aufbringe, es zu versuchen.//

Wie viel Sinnlos-Surf-Syndrom steckt in Ihnen?

Kommt Ihnen bekannt vor? Trifft auf Sie zu? Machen Sie Ihr Kreuz!

- Pro Schreibtisch-Arbeitsstunde gehen Sie mindestens einmal online.
- 50 Prozent Ihres Büro-Surfens ist privater Natur.
- Sie klicken öfter am Tag als Sie schlucken.
- Sie verbringen mehr Zeit im Internet als mit Ihrer Familie.
- Wenn Sie darüber nachdenken, bekommen Sie ein schlechtes Gewissen.
- Weil Sie sich im Web „vergessen" haben, kommen Sie manchmal zu spät.
- Es fällt Ihnen schwer, 24 Stunden offline zu sein.
- Wenn Sie etwas erleben, denken Sie sofort an Ihre Facebook-Pinnwand.
- Sie wissen nicht, welche Links gestern zu Ihrem Erfolg beigetragen haben.
- Sie begrüßen YouPorn-Darsteller auf der Straße und bitten um Autogramme.
- Mit einem Therapeuten sprechen Sie erst, wenn er Ihre Freundschaftsanfrage bestätigt hat.

Achtung, jetzt macht es „pieks"!

BLICKEN SIE KURZ IN DEN SPIEGEL. Wenn Sie jetzt vor allem Ihre Nase sehen, sollten Sie vor einem Lügendetektor-Test einen Kopfsprung aus dem Dachgeschoss erwägen. Ansonsten: Hut ab. Im Vergleich zu Ihnen war Gutenberg digital. Fakt ist: Ihre Arbeitsweise steigert das Bruttosozialprodukt. Die Weltwirtschaft sagt danke.

1–3

ALARMSTUFE EINS: Sie surfen sich zwar noch nicht um den Sinn, zeigen aber bereits erste Anzeichen dafür. Und da ich davon ausgehe, dass Sie beim Ankreuzen schummeln: Installieren Sie zu Ihrer eigenen Sicherheit einen unabhängigen Produktivitätszeit-Schiedsrichter wie www.rescuetime.com. Trennen Sie strikt zwischen produktivem Surfen („recherchieren“), Spaß-Surfen (Soziale Netzwerke) und Verlegenheits-Surfen („nur mal kurz…“). Plus: Beherzigen Sie die Regeln auf den folgenden Seiten.

3–10

WEBWEH IST IHR NEUES HEIMWEH: Wenn ein Taxifahrer Sie nach Ihrer Adresse fragt, antworten Sie bereits nach drei kleinen Bierchen „www.home.com“. Dass Sie anschließend „nackt und orientierungslos“ von falschen Facebook-Freunden „im Internet gefunden“ werden, wundert Sie nicht. Das passiert Ihnen öfters. Hören Sie sofort auf, zu viel Ihrer Lebenszeit im Netz zu verbringen! Oder glauben Sie an Wiedergeburt?

Der Anfang ist die Hälfte des Ganzen.

WAS FÜR ARISTOTELES GALT, GILT AUCH FÜR SIE: Herzlich willkommen in der Buchmitte! Die Hälfte haben Sie geschafft. Lehnen Sie sich zurück, klopfen Sie sich auf die Schulter. Dann strecken Sie sich wie eine erwachende Katze, atmen tief durch und gehen in die Küche. Dort holen Sie sich ein Getränk Ihrer Wahl. Immer, wenn Sie einen Schluck trinken, legen Sie das Buch kurz zur Seite, schmecken intensiv jede Nuance an Ihrem Gaumen und denken ganz entspannt über das Gelesene nach.

Sinnlos-Surf Syndrom – es reicht.

BLITZ-THERAPIE*

* in Einzeller-kompatiblen Schritten

x10

1

KAPPEN SIE DIE NABEL-SCHNUR

WELCHE NABELSCHNUR? Richtig gedacht. Das ist Teil eins dieser Regel: Das Internet ist **NICHT** Ihre Nabelschnur. Sie sind ein autonomer Mensch mit Hirn und Herz. Blut ist dicker als Datenleitung.

ES IST EINFACHER ALS SIE DENKEN ODER BEFÜRCHTEN: Das permanente Online-sein hat sich in Ihr Leben geschlichen. Sie haben zugelassen, dass es von der Möglichkeit zur Notwendigkeit wird. Jetzt ist ein Bedürfnis da. Wie es gekommen ist, kann es wieder verschwinden. Nicht das Internet, das ist an und für sich ganz hervorragend. Aber die Notwendigkeit seiner ständigen Verfügbarkeit – die muss weg.

SIE HABEN E-MAIL-ÖFFNUNGSZEITEN DEFINIERT? GUT. JETZT DEFINIEREN SIE SURF-ZEITEN. Das klingt nur beim ersten Lesen so entmündigend nach Kindersicherung und Jugendschutz – dabei sind Sie ganz sicher über 18. Leider, leider: der Geist ist willig, Ihre Finger sind schwach. Glauben Sie mir: Es geht nicht ohne. „Ich werde ab morgen weniger sinnlos surfen" ist genauso erfolgversprechend wie „Ich erhöhe meine Orgasmus-Zeit morgen auf 25 Stunden pro Tag".

SIND SIE BEREIT? THREE TIMES A DAY …
Definieren Sie drei fixe Surf-Zeiten am Tag. Wie wäre es mit morgens (*nachdem* Ihre Prioritäten geplant sind!), mittags (wenn die Schwerkraft des Kantinen-Essens Sie ins Nirwana zieht) und abends, gemütlich zuhause auf dem Sofa mit dem klaren Ziel „Spaß-Surfen".

WIE SOLL DAS GEHEN? SIE GOOGELN DOCH INZWISCHEN BEREITS IHREN NÄCHSTEN GEDANKEN?
Alternative: Sie verpassen sich ein Surfzeit-Budget. Maximal 120 Minuten pro Tag. Wenn Ihnen das sehr wenig erscheint: Bei 16 wachen Tagesstunden kommen Sie damit immer noch auf 45 Tage, die Sie pro Jahr im Internet verbringen! Wer hilft Ihnen dabei? Zeiterfassungs-Software wie www.rescuetime.com.

2 IHRE AUGEN SIND KEIN SCANNER AUF SPEED

LESEN SIE NOCH, ODER SCANNEN SIE SCHON? Rasen Ihre Augen über Text wie auf Speed? Nehmen Sie ein Dutzend Dinge auf einmal wahr und wünschen Sie sich mehr Arme als eine Krake?

ZEITLUPE SCHAFFT DURCHBLICK. ODER: LENKEN SIE IHRE AUGEN STETS NUR AUF DAS WESENTLICHE – bitte beachten Sie den Singular: DAS Wesentliche. Lassen Sie sich kurz von einem Warnsignal abschrecken. Es hat mich gewarnt und von dieser Regel überzeugt.

BIS MITTE 2010 WAR ICH DIE GRÖSSTE MULTITASKERIN auf den produktiven Schlachtfeldern unserer digitalisierten Arbeitswelt. Ich war stolz darauf, ein Dutzend brennende Ölfelder gleichzeitig löschen zu können. Wenn ich unter Hochdruck arbeitete, wurde selbst einer zehnarmigen Kali schwindelig, die von den Hindus als Göttin des Todes und der Zerstörung, aber auch als Göttin der Erneuerung verehrt wird.

WÄHREND ICH EINES BÜROTAGES über zehn Browser-Tabs offen habe, verzweifelt nach einer Erkenntnis stiere, parallel ein Projekt via Live-Chat-Krisenmanagement retten will, schiele ich mit dem linken Auge auf Hiobs-E-Mails im prallvollen Posteingang und mit dem rechten „aufmerksam" auf mein Team. Das sitzt auf meinem Besprechungs-Sofa und feuert Wortsalven in meine Richtung. Plötzlich platzt etwas in meinem Kopf. Ich sehe rot. Blutrot. Mein rechtes Auge verfärbt sich, die Anwesenden werden blass. Das Meeting ist beendet, die Diagnose flott gestellt:

ES IST NUR EINE ADER GEPLATZT. Die hätte auch eine Etage höher explodieren können – fataler Gedanke. Der Arzt sagt eine Stunde später, ich solle über meine Sehnerven nicht so viel „Druck" in meinem Hirn aufbauen. Beim Surfen nicht in Lichtgeschwindigkeit alles abscannen und nicht zig Seiten auf einmal. Langsamer lesen, langsamer denken und bei allem: den Blick bremsen und mich immer nur auf eine Sache konzentrieren. Guter Tipp, gern geteilt.

3

STOPPEN SIE DAS HOPPEN

DIE BETRIEBSGESCHWINDIGKEIT IHRES Kopfes ist Kapital für Ihre Karriere – und Ihre Gesundheit. Surfen nach dem Info-Hopping-Prinzip überfordert Ihren Arbeitsspeicher und lähmt Ihre Produktivität.

RECHTS-KLICK, LINKS-KLICK, CHA-CHA-CHA: Wenn Sie Ihre Maus von der Leine lassen, tanzt sie Sie bei jedem Internet-Besuch direkt ins Nirwana. Und schwupp sind zwei Stunden wertvolle Lebens- und/oder Arbeitszeit dahin. Dabei wollten Sie doch eigentlich „nur mal kurz was googeln" und dann „nur schnell nachsehen", wie viele Likes Ihr neues Profilbild auf Facebook erzielt hat. Sie haben eine Großaufnahme Ihres Ohres hochgeladen, um Ihren Freunden zu zeigen, dass Sie „total viel um die Ohren haben". Das sieht zwar unästhetisch aus, aber das machen gerade alle, die vergessen haben, dass Sinnlos-Surfen Zeit und Hirn kostet – und am Jahresende kein Weihnachtsgeld zahlt.

NEHMEN SIE IHRE MAUS AN DIE KURZE LEINE. Definieren Sie vor jedem Internet-Besuch ein klares Ziel. Zum Beispiel: „Drei relevante Ergebnisse recherchieren" oder „fünf Bilder für die Vorstands-Präsentation in brauchbarer Auflösung finden".

SIE SIND KEIN FASS OHNE BODEN. Die theoretische Unendlichkeit relevanter Recherche-Ergebnisse verleitet dazu, auch dann nach einem „noch besseren Ergebnis" zu suchen, wenn Brauchbares längst auf der eigenen Festplatte gespeichert ist. Vertrauen Sie in Ihre Entscheidungskompetenz. Sie werden dafür bezahlt, EIN gutes Ergebnis zu liefern, nicht 100 mögliche Optionen.

TAPPEN SIE NICHT IN DIE KÄSEFALLE: Sie haben ein qualitatives und quantitatives Recherche-Ziel? Gut. Jetzt verbieten Sie Ihrer Maus sich weiter als drei Klicks von jedem Suchergebnis zu entfernen. Vorsicht, Falle: Wer seine Inhalte klug präsentiert, hat rechts und links Content-Käsestücke ausgelegt, die Sie verleiten sollen, tiefer in die Seite zu klicken. Fokussieren Sie auf das Filet, verweigern Sie Käse.

4 ALLES IST KEINS

DIE OMNI-VERFÜGBARKEIT DES WEBS führt dazu, dass unser Kopf permanent im Arbeitsmodus bleibt. Trennen Sie Arbeitszeit und Freizeit und lernen Sie wieder abzuschalten.

DIENST IST DIENST, SCHNAPS IST SCHNAPS. Dieser Spruch scheint älter zu sein als Sie je werden können. Dennoch ist er zeitgemäß. Warum? Weil die Trennung zwischen Beruf und Privatleben entscheidend dazu beiträgt, dass Sie stressfreier surfen, leben und arbeiten.

BEVOR SIE JETZT AUFJAULEN: Auch ich war früher stolz darauf, von mir behaupten zu können, dass alles eins ist. „Alles ist mein Leben. Ich unterscheide nicht zwischen Arbeits- und Freizeit. Solange mein Kopf durchblutet ist, denke – und arbeite ich." Solche Glaubensbekenntnisse waren meine Geheimwaffe bei leidigen „Überstunden"-Diskussionen mit Mitarbeitern. Ich habe damals geglaubt und gelebt, was ich sagte. Ich hatte Spaß und war aus Überzeugung auf Dauer-Empfang. Ich dachte, diese Arbeitshaltung sei zeitgemäß. Ich hielt sie für erfolgversprechend. Sie ist das Gegenteil. Und wer hat wieder mal Schuld? Nicht das Internet, das missverstandene. Der Mensch und seine Maßlosigkeit.

PRIVATES BÜRO-SURFEN IST NICHT PER SE PRODUKTIVITÄTSVERNICHTEND. Berufliches Freizeit-Surfen verhindert nicht zwangsläufig die notwendige Regeneration Ihrer gestressten Arbeitszellen. Aber die maßlose Vermischung von beidem, und das zu jeder Tages- und Nachtzeit – die ist schädlich. Der permanente Empfangszustand auf privaten und beruflichen Kanälen schleust so viel Informationsmüll in Ihren Kopf, dass alle Neuronen unter der Last ersticken, keine qualitative Grenzkontrolle mehr stattfindet und keine Zeit bleibt für dringend notwendige Müllabfuhr.

STARTEN SIE NOCH HEUTE MIT DER E-MÜLLTRENNUNG. Trennen Sie beruflich und privat. Schalten Sie den jeweiligen Kanal beim Surfen entweder an oder aus. Gehen Sie nicht mehr in Standby-Modus.

5

BANNEN SIE DIE SINNLOS-FLUT

SOZIALE NETZWERKE SIND geniale Wissensspender, potente Zeitsparer und wertvolle Informationsmanager. Vorausgesetzt, Sie konfigurieren sie entsprechend und beachten diese Regel.

KLICKEN SIE NIE ZURÜCK. Warum? Weil hinter Ihnen die Sinnlos-Flut lauert – Feind des produktiven Surfens und Freund der Verdummnis. Wer löst die Sinnlos-Flut aus? User wie Sie und ich*. Wo findet sie statt? Bevorzugt in Sozialen Netzwerken.

WIE KÖNNEN SIE SICH DAVOR SCHÜTZEN? SO:

— **WARUM** sind Sie einem Netzwerk beigetreten? Formulieren Sie zwei private und – sofern vorhanden – zwei berufliche Ziele.

— **JETZT KONFIGURIEREN SIE ALLE EINSTELLUNGEN** zielführend: Privat-Einstellungen für private Aktivitäten, Einstellungen für alles Berufsorientierte. Entscheidungshilfe: Alles, was Sie morgen nicht in der Zeitung sehen möchten, ist privat – vorausgesetzt, sie glauben an Datensicherheit im Internet. Falls Sie berechtigte Zweifel haben: nicht publizieren – Google vergisst nichts.

— **DEFINIEREN SIE MEDIEN, BLOGS UND SUPERHIRNE,** die Sie für kompetent halten. Welche Autoren zählen zu Ihren Lieblings-Experten? Welche Journalisten bilden Ihre Meinung? Vernetzen Sie sich mit diesen Wissensquellen im Netzwerk Ihrer Wahl.

— **SO ORGANISIEREN SIE DIE INFORMATIONSFLUT:** Anwendungen wie www.flipboard.com, www.taptu.com oder www.zite.com verwandeln die Nachrichten Ihrer Sozialen Netzwerk-Kanäle in ein personalisiertes Online-Magazin, das Sie gemütlich abends auf dem Sofa durchblättern und in aller Ruhe lesen können. Sie ersparen sich dadurch die Notwendigkeit täglich mehrfach „kurz“ nachsehen zu müssen, ob die Welt ohne Sie untergegangen ist.

— **WICHTIG:** Sie müssen Ihren Social-Check nicht täglich oder gar stündlich exekutieren. Sie haben ja früher auch nicht fünfmal in zwei Stunden Nachrichten geschaut und dann alle Freunde angerufen. Wenn Sie einen Tag verpasst haben, haben Sie nichts verpasst. Klicken Sie nie zurück – hinter Ihnen lauert die Flut.

* Weil dies ein Buch für Erwachsene ist, erspare ich Ihnen einen Absatz zum Thema „Web-Verschmutzer aus dem eigenen Nachrichten-Strom verbannen“. Ich gehe davon aus, dass Sie das sowieso tun, sobald einer Ihrer Verfolger, Freunde oder Umkreiser täglich Geistlosigkeiten publiziert wie „Wieder ein neuer Morgen. Erstmal #Kaffee“.

WWW.DONOTHING

OR2MINUTES.COM

ÖFFNEN SIE IHREN BROWSER. Ja, jetzt und hier dürfen Sie das. Es ist für einen guten Zweck. Rufen Sie www.donothingfor2minutes.com auf und verabschieden Sie sich für zwei wertvolle Minuten vom Brausen der Welt! **TIPP:** Speichern Sie diese Seite als Favorit direkt in Ihre „Lesezeichen-Symbolleiste". Versprechen Sie sich, dass sie diesen Link mindestens dreimal am Tag aufrufen. Machen Sie ein Ritual aus diesen zwei Online-Minuten. Lernen Sie nichtstuend online zu sein und genießen Sie dieses Gefühl.
ENTSPANNT? Dann bitte ganz geruhsam weiterlesen.

6 WERDEN SIE FKK-SURFER

NA, WAS FÄLLT IHNEN DAZU EIN? Misstrauische Zeitgenossen denken jetzt: „Bin ich schon, Google sieht alles". Alle anderen halten diese Regel für pornös. Richtig. Und doch falsch.

DIESE REGEL STAMMT AUS DER INTERNETSUCHT-THERAPIE. Sie wird Menschen verabreicht, die süchtig nach Online-Games, Online-Glücksspiel oder Online-Geschlechtsverkehr sind. *Sorry, aber die Alliteration fordert dieses Wort. Außerdem möchte ich mich kurz an seiner sprachlichen Grässlichkeit berauschen – damit ich formschön weiterschreiben kann.*

WAS IST EIN FKK-SURFER? Ein Mensch, der nur dort surft, wo sein Bildschirm von anderen gesehen werden kann. Gewollter Rückspiegel-Effekt sozusagen. Oder: Alle drei Gewalten im Surf-Genick, Standgericht inklusive.

WENN SIE DAZU NEIGEN, SINNLOS ZU SURFEN oder Schlimmeres (siehe oben), dann ist dieser Tipp ein wirkungsvoller Selbstschutz. Oder möchten Sie, dass Ihre Kinder sehen, welcher Schwachsinn Ihnen mehr Aufmerksamkeit wert ist als Ihr eigenes Fleisch und Blut und die Zukunft der Menschheit? Oder Ihre Kollegen. Sollen die mitbekommen, dass Sie nur deshalb ständig „Land unter" und auch heute wieder unerträglich „tight getaktet" sind, weil Sie alle elf Minuten nachsehen müssen, ob Facebook noch steht?

7

WERDEN SIE GEIST

MOMENT MAL! Auf der vorigen Seite sollen Sie FKK-Surfer werden und jetzt unsichtbar? Das ist doch … – beabsichtigt. Entspannen Sie sich und lesen Sie aufmerksam weiter.

ALS KIND HABEN SIE DAVON GETRÄUMT, heute können Sie sich unsichtbar machen. Und mehr noch: Sie sollten es. Ich mag Messenger, aber ich weiß, dass Sie die schlimmsten Konzentrationskiller nach E-Mails sind. Außerdem verleiten sie mündige Menschen dazu, die dümmsten Fragen aller Zeiten zu stellen. Schlicht und ergreifend, weil sie zu faul sind, selbst zu denken – und SIE erreichbar sind.

SIE MÖCHTEN SICH IN IHREN PRIORITÄTEN UNTERBRECHEN LASSEN? Starten Sie einen Instant Messenger. Selbstverständlich haben Sie alle optischen und akustischen Signale in den Einstellungen für immer und ewig deaktiviert. Dennoch weiß Ihr Hirn, dass dort vielleicht eine Nachricht eingeht, die eine Dopamin-Ausschüttung wert ist. Deshalb werden Sie ab und zu mal nachsehen. Je nach Ablenkungsbedarf: öfter als produktiv ist.

IHRE NEUE STANDARD-EINSTELLUNG für Instant Messenger aller Art ist deshalb … erraten? U-N-S-I-C-H-T-B-A-R*!

VERSETZEN SIE SICH IN DIE LAGE IHRES ARBEITGEBERS. Wenn er weiß, dass Sie gerade einen Finanzbericht für die Börsenaufsicht schreiben, glauben Sie, es trägt zu einer Gehaltserhöhung bei, wenn er sieht, dass Sie parallel im Instant Messenger erreichbar (und zu allen kommunikativen Schandtaten bereit) sind? Nein? Werden Sie unsichtbar! Die Menschen, denen Sie die Priorität zugestehen, Sie abzulenken, wissen dennoch, dass Sie erreichbar sind.

DAS BESTE IST: SIE SCHALTEN DEN MESSENGER AUS, sobald Sie produktiv sein möchten. Keine Bange: Sie verpassen nichts. Im Notfall retten Stimmen schneller Leben als man „Enter“ drücken kann.

* Falls Ihr Instant Messenger diesen Modus nicht anbietet, gibt es zwei Möglichkeiten: 1. Runterfahren! 2. Messenger wechseln.

8 MACHEN SIE SICH ZUR SCHNECKE

WER ES EILIG HAT, GEHT LANGSAM. Oder wie Vorzeige-Chef Bernd Stromberg sagt: „Die Schnecke kann dir mehr über den Weg erzählen als der Hase“. Man muss ihr nur zuhören.

ENTDECKEN SIE DIE EROTIK DER LANGSAMKEIT. Falls Sie ein Mann sind, kann das Ihre Partnerschaft retten. Wir Frauen … – lassen wir das.

WIESO SOLLEN SIE SICH ZUR SCHNECKE MACHEN? Zählt die Schnecke doch zu den unpopulärsten Tieren der Welt. Nicht mal Baby-Schnecken schaffen es ins YouTube-Ranking der süßesten Tier-Filmchen aller Web-Zeiten. Wenn ich an Sie denke, liebe Leserin, lieber Leser, dann denke ich an mein altes Ich. Und dieses alte Ich war ein Hase. Ein großer Kommunikations-Rammler oder auf Elektro-Sprech: der Duracell-Hase. Immer unter Strom, immer in geistiger Bewegung, immer im Dauerlauf. Unfähig nichts zu tun, angetrieben von einer Batterie, die zu ständiger Reaktion zwingt. Dieser Hase reagiert nur noch, er agiert nicht – er hat seinen freien Willen verloren. Er wird aggressiv, wenn sich eine Webseite nicht in Nanosekunden lädt oder der Browser hängt.

BEVOR DIE TIERSCHÜTZER MITSCHREIBEN: Wechseln Sie von einem Extrem in das andere. Alles dazwischen ist Selbstbetrug. Wenn Sie sich heute wie ein Hase fühlen, dann ist Ihre Rettung die Schnecke. Reduzieren Sie Ihre Surf-Geschwindigkeit um 50 Prozent. Die verbleibenden 100 reichen, um aus dem Web alles rauszuholen, was Sinn ergibt, Wissen spendet, Spaß bringt und erfolgreich macht.

SCHLIESSEN SIE:

— alle offenen Seiten und den Browser nach jedem Surfen.
— Soziale Netzwerke und Instant Messenger außerhalb Ihrer „Plauderzeit“– nichts lenkt mehr ab, als die Möglichkeit einer „wichtigen“ Nachricht.
— die Möglichkeit aus, dass Sie irgendetwas anderes verpassen als Ihr Leben – das findet analog statt und das sollte so bleiben.

9 BEUTEN SIE DAS INTERNET AUS

WELCHE WEBSEITE HAT HEUTE IHR LEBEN GERETTET? Keine? Na, dann wäre eine Runde Laufen oder eine Yoga-Stunde doch vielleicht lebensverlängernder gewesen.

WERDEN SIE ZUM GROSS-KAPITALISTEN IN SACHEN SURFEN! Machen Sie keinen Klick, wenn er Ihnen keinen Gewinn verspricht. Investieren Sie nicht länger wertvolle Lebenszeit in Webseiten, die Ihnen nichts bringen, außer Zeitverlust. Zeit ist Lebenszeit, daran kann man nicht oft genug erinnern – denn: weder Ihre noch meine kehrt wieder.

EINE STUNDE WOLKENBILDER INTERPRETIEREN oder Strand-Sand zählen kann so viel spannender sein als eine Stunde Ex-Partner auf Facebook zu stalken! Hören Sie bitte auf, aus fehlender Inspiration, durch Soziale Netzwerke angefixter Spannerlust, geistiger Erschöpfung, unersättlichem Recherche-Zwang, purer Langeweile oder innerer Leere zwanghaft Ablenkungsheil im Web zu suchen.

DAS BRINGT IHNEN NICHTS UND WIRD DIE WELT NICHT RETTEN. Das Web zahlt Ihnen kein Weihnachtsgeld. Sie können es nicht heiraten. Es wärmt nicht im Winter. Seine Freuden sind so vergänglich wie Sie. Das Internet zählt zu den wenigen Dingen, die so richtig von Ihnen ausgebeutet werden möchten. Surfen Sie fortan nur noch nach den erfolgverprechendsten Opfern.

WELCHE ZEHN WEBSEITEN-KATEGORIEN BRINGEN IHNEN den größten Return on Internet-Investment – maximalen Nutzwert als Gegenleistung für die Zeit, die Sie investiert haben? Beliebte Kategorien sind: News, Wissen, Tools, Applikationen, Datenbanken etc. Strukturieren Sie Ihre Lesezeichen-Ordner nach diesen Themen.

DAMIT IHR ZIEL MASS HAT, speichern Sie im jeweiligen Ordner nur die Top 10-Links der jeweiligen Kategorie. **TIPP:** Auf Seite 142 finden Sie eine Übung, die Ihnen hilft, Ihren täglichen Surf-Erfolg zu bilanzieren.

10 BRECHEN SIE ALLE REGELN

IHR HEUTIGES SURF-VERHALTEN haben Sie sich nicht selbst beigebracht. Es ist eine Reaktion auf die Höllen-Innovationsgeschwindigkeit der vergangenen Jahre. Zeit für einen Kurswechsel.

ALLES, WAS SIE HEUTE IM INTERNET TUN, IST EINE REAKTION. Reagieren ist immer zweite Wahl. Agieren ist die Aufgabe eines mündigen Menschen. Das ist heutzutage einfacher gesagt als getan. Noch bevor Sie einen Gedanken zu Ende denken, invadiert ein neues, noch schlaueres Handy den Markt. Aus Ihnen unerklärlichen Gründen müssen Sie es sofort haben, dabei nutzen Sie gerade einmal die Idiotenfunktionen Ihres „alten" Geräts. Auf dem neuen Handy sehen Sie, dass die Suchmaschine Ihres Misstrauens Ihre Krankheitsgeschichte mit Gencode live verortet, weil Sie sich mit Fingerabdruck angemeldet haben.

SIE VERSTEHEN NUR NOCH DATENBAHNHOF, versuchen panisch Ihre Privatsphäre-Einstellungen zu retten, wissen aber nicht, wie das geht. Ihre Kinder sind leider gerade nicht erreichbar. Die sind auf Facebook, dort sind sie groß geworden. Sehr groß, wie Sie gerade sehen. As time goes by … Gestern war Sommer, heute ist Winter, morgen sind Sie tot.

JETZT ODER NIE: ES IST ZEIT FÜR DEN ERSTEN TAG IHRES NEUEN LEBENS! Verlassen Sie Ihr Hamsterrad! Stellen Sie sich Fragen, geben Sie sich Antworten und nehmen Sie sich Zeit – Ihre Lebenszeit! Hinterlassen Sie mehr als die Surf-Historie Ihres Browsers, falsche Facebook-Freunde und zweifelhafte Suchergebnisse bei Google. Agieren Sie. Lehnen Sie sich auf. Ändern Sie die Regeln. Fangen Sie bei sich an – nicht morgen, auch nicht übermorgen, am besten sofort. Sagen Sie „Nein". Und sagen Sie „Ja" zu allem, was echten Wert schafft in Ihrem Leben und dem der anderen.

STOPPEN SIE DAS SINNLOS-SURFEN und rammen Sie einen Pfahl in die dahinschießende Zeit.

Therapieplan für Unternehmen.

Wie für den E-Mail-Wahnsinn gilt auch für das Sinnlos-Surf-Syndrom: Die Therapie ist eine Herausforderung für jeden Schreibtisch-Arbeiter, gleichzeitig aber auch unternehmerische Verantwortung für jede Firma, die Mitarbeitergesundheit und Betriebsergebnis wichtiger nimmt als der Geschäftsbericht vorschreibt. Das Erfolgsgeheimnis besteht inhaltlich aus dem idealen Maß an Distanz und Nähe; in der Umsetzung aus Freiheit und Kontrolle, Kosten und Nutzen. Das sind hochsensible Themen für jede Unternehmenskultur. Die wirkungsvollste Therapie startet deshalb von oben und erzielt Einverständnis von unten.

1. SURF- & ROI-INVENTUR MACHEN

- Wie viel Surf-Zeit kalkulieren Sie pro Mitarbeiter/Tag/Monat/Jahr?
- Durchschnittskosten/Jahr?
- Einsparungspotenzial definieren, realistisch: die Hälfte.

2. MASSNAHMEN PLANEN

- Wie ändern Sie das Surf-Verhalten Ihrer Mitarbeiter? Wie argumentieren und motivieren Sie?
- Wie steigern Sie die Surf-Effizienz Ihrer Mitarbeiter? Wie schulen Sie sie?
- Wie begeistern Sie Ihre Mitarbeiter für eine produktivitätsorientierte „Surf-Offensive"? Wie vereinbaren Sie verbindliche Regeln? Wie erzielen Sie Einverständnis?
- Wie werden alle Beteiligten zu Botschaftern und Ihre Kampagne zum Selbstläufer?
- Welcher Medienmix führt zum Kampagnen-Erfolg? Welchen Anteil haben persönliche, gedruckte und digitale Kommunikation?
- Machen Sie ein Kick-off-Event und Führungskräfte-Workshops?
- Starten Sie ein „Kollegen trainieren Kollegen"-Programm?
- Wie kommunizieren Sie neue Surf-Regeln so, dass sie gelebt werden?
- Was kann die IT beitragen?
- KPI: Wie messen Sie den Erfolg quantitativ und qualitativ?
- Wie sieht ein Maßnahmenplan für die kommenden 12 Monate aus?
- Wie kontrollieren Sie den Umsetzungserfolg?

3. BUSINESS CASE ERARBEITEN

— Ziel: Surf-Zeit am Arbeitsplatz halbieren = Ersparnis X

— Grobkosten Weg zum Ziel (Maßnahmen, Kampagne, Workshops) = Y

— X – Y = Return on Investment im ersten Jahr

— Jahr zwei: Kosten für Kommunikations-Controlling + Kampagne = Y

— Ersparnis durch weiterhin erhöhte Surf-Effizienz = X

— X – Y = Return on Investment im zweiten Jahr

4. VORSTAND BEGEISTERN, PROJEKTFREIGABE UND BUDGET ABHOLEN

— Business Case und Maßnahmenkatalog in eine attraktive Präsentation verpacken (vorher unbedingt die Seiten 174 bis 195 lesen).

— Dem Vorstand, Chef, Budgetverantwortlichen präsentieren.

— Lob, Projektfreigabe und Budget einheimsen.

5. SÄEN, OPTIMIEREN, ERNTEN

— Neue Regeln definieren.

— Services und Mehrwerte konzipieren.

— Kampagne starten.

— Umsetzungserfolg messen.

— Optimieren, optimieren, optimieren.

— Ernten.

ICH HASSE ES, MICH ZU WIEDERHOLEN, ABER: mir bleibt nichts anderes übrig. Die Kosten für die Therapie sind abhängig von Ihrer Unternehmensgröße und Ihren internen Möglichkeiten, Maßnahmen, Kampagnen und Workshops selbst umzusetzen. Wenn Sie externe Hilfe hinzuziehen (was ich empfehle!), sind die Kosten über den Daumen gepeilt vergleichbar mit ein bis zwei doppelseitigen Anzeigen in einem Nachrichtenmagazin.

UND FALLS SIE JETZT DENKEN, ist ja klar, die Expertin empfiehlt Expertenhilfe = ihr eigenes Geschäft, denken Sie verständlich, aber in diesem Fall falsch. Damit Ihr Hirn auf andere Gedanken kommt, lesen Sie bitte auf Seite 73 weiter. Alles, was Sie dort lesen, gilt doppelt für das Sinnlos-Surf-Syndrom. Wenn Sie intern Surf-Verhalten „verbieten", haben Sie verloren. Wenn Sie einen Experten hinzuziehen, der Ihre Mitarbeiter motiviert, ihr Verhalten aus purem Eigennutz zu ändern, gewinnen Sie – und Ihre Mitarbeiter.

ERSTE HILFE

IM SINNE EINER GANZHEITLICHEN THERAPIE folgen jetzt Erste Hilfe-Maßnahmen aus der kreativen freigeistigen Alternativ-Medizin. Werfen Sie Vorurteile über Bord und lassen Sie sich von den Ergebnissen überraschen.

Täglichen Surf-Erfolg bilanzieren und de-frag-men-tie-ren.

KENNEN SIE DIESES RASENDE RATTERN IM KOPF? Es klingt wie eine Festplatte kurz vor dem Crash. Manchmal entsteht dabei auch ein Pfeifton, der in die Ohren fährt wie die Fanfaren des Jüngsten Gerichts. Was ist das? Ein Warnsignal. Ein sehr ernstes. Sollte es Sie bislang verschont haben, zünden Sie eine Kerze an. Die folgende Übung hilft Betroffenen und ist Prävention für alle anderen.

WILLKOMMEN IN IHREM ARBEITSGEDÄCHTNIS. HIER SPEICHERN SIE ALLES, WAS IHNEN AN EINEM TAG IM INTERNET WIDERFÄHRT.

VIA MAUS REIN, ZUM MÜLLEIMER, RAUS: Wenn Sie ein effizienter Verwerter sind, ist Ihr geistiger Mülleimer immer offen. Er begrüßt in Echtzeit alles, was keine Verweildauer verdient und entleert sich automatisch . Dieser Mechanismus ist überlebenswichtig. Funktioniert er nicht, haben Sie nachts dieses Rattern im Kopf und wissen inzwischen: Das ist kein Eisenbahner-, sondern ein Albtraum im Wachzustand.

UM IHR ARBEITSGEDÄCHTNIS ZU ENTLASTEN, sollten Sie die Ordnerstruktur Ihrer geistigen Festplatte hinterfragen und mit einer einfachen Übung immer wieder defragmentieren. Los geht's.

1. NEWS UND SOCIAL MEDIA sind die Ordner, die am meisten Arbeitsgedächtnis brauchen. News ist alles, was Sie recherchieren. Social Media steht für die Netzwerke, aber auch für Kommunikation.

2. TRAGEN SIE AUF DER NÄCHSTEN SEITE die drei wichtigsten Inhalte ein, die Sie heute aus diesen Bereichen ersurft haben. Entscheiden Sie noch im Ordner, ob sie den jeweiligen Inhalt löschen, oder ob er es wert ist, als Erinnerung oder Erkenntnis gespeichert zu werden.

3. DIE INHALTE, DIE EIN „SPEICHERN"-KREUZCHEN ERHALTEN, sortieren Sie in die untere Ordner-Reihe – Ihr Langzeitgedächtnis. Hier gibt es zwei Ordner: einen für Wissen, einen zweiten für alles, was zu Ihrem persönlichen oder beruflichen Erfolg beiträgt.

4. BETRACHTEN SIE IHR LANGZEITGEDÄCHTNIS: Möchten Sie alles, was Sie dort sehen, wirklich länger als einen Tag aufbewahren? Stellen Sie sich kurz vor, wie Ihr Gedächtnis aussieht, wenn Sie diese Surf-Bilanz an 365 Tagen ziehen. Na? Löschen Sie erneut alles, was nicht für die Ewigkeit sein soll!

5. IN DEN MÜLLEIMER SCHREIBEN SIE ALLES, was sie fortan direkt dorthin verschieben werden, sobald es im Internet auftaucht. Schreiben Sie in Großbuchstaben und unterstreichen Sie jeden Punkt mit der Kraft Ihrer Überzeugung.

Versuchen Sie, diesen Prozess als Standard-Konfiguration bei und nach jedem Internetbesuch zu aktivieren. Fangen Sie gleich damit an und blättern Sie um.

IHR ARBEI

NEWS

INHALT/THEMA

INHALT/THEMA

INHALT/ HEMA

WISSEN

INHALT/THEMA

INHALT/THEMA

INHALT/THEMA

IHR LANGZE

DÄCHTNIS

SOCIAL MEDIA

INHALT/THEMA

INHALT/THEMA

INHALT/THEMA

E-MÜLL

ERFOLG

INHALT/THEMA

INHALT/THEMA

INHALT/THEMA

EDÄCHTNIS

Mantras für Ihre Mausefalle.

IHRE TASTATUR FLÜSTERT „TIPP MICH", die Bildschirme Ihrer Surf-Geräte leuchten wie das ewige Licht, Ihre Maus ist stets willig und Ihr Fleisch schwach? Dann sollten Sie Ihren Internet-Verkehr mit ein paar Verkehrsschildern regeln. Plus: Das Problembewusstsein Ihrer Kollegen durch eine virale Kampagne stärken.

1. KLEBEN SIE SICH EINE

Schreiben Sie sich Klebezettel oder drucken Sie Etiketten und dekorieren Sie sämtliche Bildschirme mit motivierenden Sprüchen.

2. VERURTEILEN SIE SICH

Platzieren Sie besonders wichtige Verkehrshinweise als Bildschirmhintergrund.

3. KOPIEREN SIE SICH

Drucken Sie einzelne Sprüche aus und vergessen Sie sie im Drucker. Plus: Bestücken Sie das jungfräuliche Kopierpapier mit einigen nicht ganz so jungfräulichen Sprücheseiten, die dann die Rückseite der Ausdrucke Ihrer Kollegen zieren. Dasselbe machen Sie bei allen Kopier- und Faxgeräten im Haus.

4. WERDEN SIE ALLGEGENWÄRTIG

Starten Sie eine Sticker-Kampagne in Ihrem Büro! Lassen Sie bei einem Druck-Dealer Ihrer Wahl – Tipp: www.moo.com – Aufkleber mit Motivationssprüchen für den digitalen Kommunikations-widerstand drucken. Das Ergebnis kleben Sie auf WC-Spiegel,

Kantinen-Tabletts, die Bildschirme von Kollegen, Mäuse, Besprechungstische, Chef-Türen, Kaffeetassen …

WARNHINWEIS! Muss ich erwähnen, dass Sie unauffällig, bedacht und geschickt vorgehen sollten? Dass es durchaus sinnvoll ist, sich vor „Kampagnenstart" der bedingungslosen Gefolgschaft unersetzbar wirkender Macht- und Würdenträger zu versichern? Und dass trotz allem fristlose Entlassung zu den unerwünschten Nebenwirkungen zählen kann? Aber, Hand aufs Herz: Möchten Sie weiterhin für eine Firma arbeiten, die zum Lachen in den Serverraum geht?

ICH SURFE NICHT FÜR HIRNVERLUST!

FACEBOOK KANN NICHT KÜSSEN.

MAIL HALTEN!

WO WAR ICH ALL DIE JAHRE? IM INTERNET?!?

ICH BIN KEINE FESTPLATTE.

SINNLOS-SURFEN MACHT DICK.

ICH BIN DIGITAL THERAPIERT. UND DU?

MEIN HIRN HEISST NICHT GOOGLE.

DAS INTERNET IST VOLL. GEH NACH HAUSE!

Ihr Lebenszeit-Rechner

EINMAL IM JAHR ERLEBEN SIE IHREN TODESTAG. Stellen Sie sich vor, das Universum beruft Sie in die ewigen Jagdgründe. Eine Gottheit Ihrer Wahl gibt den Türsteher. Als Einlassfrage müssen Sie beantworten, was Sie jedes Jahr an diesem Tag getrieben haben. Möchten Sie: „Ich habe meinen Todestag immer wieder im Internet verbracht“ antworten?

DIESE ANTWORT BIRGT DIE GROSSE GEFAHR, dass sich der Türsteher denkt: „Des Menschen Wille sei sein Himmelreich!“. Und schwupp landen Sie für immer im Internet! Wenn Sie Pech haben, reinkarnieren Sie als die „Page not found 404 Error-Seite“ einer heißfrequentierten „Ab 18“-Plattform und werden von allen Besuchern gehasst. Damit das nicht passiert, sollten Sie heute schon Bilanz ziehen und Ihre Lebenszeit optimieren.

INTERNET-STUNDEN

Wie viele Stunden sind Sie wochentags online?

______	Stunden
x 5	Wochentage
+ 3 h	Selbstbetrug
______	**Wochentag-Stunden**

Wie viele Stunden am Wochenende?

______	Stunden
x 2	Tage
+ 1,5 h	Selbstbetrug
______	**Wochenend-Stunden**

______	**Wochentag-Stunden**
+_____	**Wochenend-Stunden**
x 47	Arbeitswochen
______	**Wochen-Stunden/Jahr**

Wie viele Stunden sind Sie pro Urlaubstag online?

______	Urlaubs-Stunden
x _____	Urlaubstage
______	**Urlaubs-Stunden/Jahr**

______	**Arbeitswochen-Stunden/Jahr**
+_____	**Urlaubs-Stunden/Jahr**
______	**Internet-Stunden/Jahr**
÷ 24	
______	**Internet-Tage/Jahr**

LIEBES-STUNDEN

Wie viele Stunden sprechen* Sie pro Wochentag mit Menschen, die Sie von Herzen lieben?

______	Stunden
x 5	Wochentage
– 1 h	Wunschdenken
______	**Wochentag-Stunden**

Wie viele Stunden tun Sie das am Wochenende?

______	Stunden
x 2	Tage
– 0,5 h	Wunschdenken
______	**Wochenend-Stunden**

______	**Wochentag-Stunden**
+ ______	**Wochenend-Stunden**
x 47	Arbeitswochen
______	**Gesprächs-Stunden/Jahr**

Wie viele qualitative Gesprächs-Stunden haben Sie pro Urlaubstag?

______	Urlaubstag-Stunden
x ______	Urlaubstage
______	**Gesprächs-Stunden im Urlaub/Jahr**

______	**Arbeitswochen-Stunden/Jahr**
+	**Urlaubs-Stunden/Jahr**
______	**Gesprächs-Stunden/Jahr**
÷ 24	
______	**Liebes-Tage/Jahr**

Und wenn Sie jetzt besonders fies zu sich sein möchten, dann gönnen Sie Ihrer Bilanz den folgenden Höhepunkt:

SEX-STUNDEN

Wie viele Stunden Sex haben Sie pro Woche im echten Leben?

Kleine Erleichterung: Solo-Sex-Stunden zählen dazu. Mahnende Erinnerung: Internet-Sex nicht.

______	Sex-Stunden/Woche
x 52	Wochen
______	**Sex-Stunden/Jahr**
÷24	
______	**Sex-Tage/Jahr**

BILANZ

______	**Internet-Tage/Jahr**
______	**Liebes-Tage/Jahr**
______	**Sex-Tage/Jahr**

LEBENSAUFGABE FÜR DIE KOMMENDEN 12 MONATE: Reduzieren Sie die Internet-Tage um 50 Prozent und addieren Sie jeweils 25 Prozent bei Liebe und Sex. Denken Sie immer daran, das heutige Datum könnte Ihren Grabstein zieren.

* „Sprechen" heißt: Sie hören aufmerksam zu, am Telefon (Internet- oder Videofon ist auch erlaubt, Chat nicht) oder persönlich. „Aufmerksam" heißt: Nichts lenkt Sie ab. Keine E-Mails, kein Surfen, keine Gedanken daran, dass Sie jetzt gerne kurz mal auf Facebook checken würden, ob Greti und Pleti Ihren Status liken. „Von Herzen lieben" heißt: Frau, Mann, Kinder, Eltern, Verwandte, Freunde und bei Bedarf auch Haustiere und Ihre innere Stimme.

Schreiben Sie Ihre Grabrede.

Stellen Sie sich vor, Sie sind der Mensch, der morgen Ihre Grabrede halten muss. Was sagen Sie über sich selbst? Wer sind Sie? Wer wären Sie gerne gewesen? Wer sind Sie nie geworden? Was bleibt von Ihnen, wenn nichts mehr bleibt?

Wie heilsam das ist, fühlen Sie erst, wenn Sie es getan haben. Musik-Tipp als Katalysator: Mahlers Trauermarsch. Getränke-Tipp für den Schreibfluss: Rotwein* – 14,5 Prozent.

* Liebe Minderjährige, Rotwein ist was für alte Leute. Kommt bloß nicht auf die Idee, ihn zu trinken! Unter 18 hat er fatale Nebenwirkungen: Man wird so unsexy, dass man auf einen Schlag alle Facebook-Freunde verliert – für IMMER!

WIR NEHMEN HEUTE ABSCHIED VON ________________________.

________ wurde nur ___ Jahre alt. ________ Leben war geprägt von ________, ________ und ________.
________ war ein ________________ Mensch.
________ liebte ________, ________ und ganz besonders ________, ________, und ________.

Leider hatte ________ immer zu wenig Zeit für ________, ________, ________, ________ und ________.
Arbeit bedeutete ________ ________________.

Hätte ________ gewusst, dass ihr/ihm die Stunde schlägt, sie/er hätte gerne viel mehr Zeit mit ________, ________, ________, ________ und ________ verbracht.
________ Lebenstraum war: ________________
________________. ________________
davon hat ________ verwirklicht.

Damit ihr alles besser machen könnt, hätte euch ________ heute folgenden Lebensrat gegeben: ________________
________________________________.

________ hatte ___ Freunde auf Facebook.
________ letzter Chronik-Eintrag lautete: ________________
________________________________.
Die Angehörigen bitten, von Beileids-Postings und „Gefällt mir“ abzusehen.

PS: DAS LETZTE, WAS ________ AUF GOOGLE GESUCHT HAT, WAR:
________________________________.

DENKPAUSE.

ATEMPAUSE.

ZEIT FÜR EINE KLEINE INVENTUR. Was werden Sie an Ihrem Surf-Verhalten ändern? Welche Regeln werden Sie umsetzen, welche neuen Rituale in Ihren Tagesablauf integrieren? Nehmen Sie sich zehn Minuten Zeit und ein ehrliches weißes Blatt Papier zur Hand.

SCHREIBEN SIE DREI DINGE AUF, die Sie ab sofort ändern werden und weitere drei, die Sie langfristig in Angriff nehmen. Dann schenken Sie sich eine Stunde allerfeinste Freizeit. Wenn Sie anschließend weiterlesen möchten, gut. Besser: Ihrem Arbeitsgedächtnis eine Pause gönnen – morgen ist auch noch ein Tag.

Z

Z

Z

Z

Z

Z

Meeting-Malaria & Präsentations-Pest

[TEMPUS MORTUUS DISPUTARE VANITAS]

MEETING-MALARIA UND PRÄSENTATIONS-PEST: Ein Mensch präsentiert Grafik-Terror-Folien und liest vor, was darauf steht. Ein Teil der Zuhörer schläft, der andere frönt dem E-Mail-Wahnsinn und dem Sinnlos-Surf-Syndrom. Unerklärliche Notwendigkeit, diese Geldvernichtung im großen Stil mehrmals täglich durchzuführen. Meeting-Malaria und Präsentations-Pest wurden früher auch als „Jour fixe", „Projektmanagement", „Weiterbildung" oder „Konferenz" bezeichnet. **VERWANDTE KRANKHEITSBILDER:** Dauer-Stress, Konzept-Koma, Büro-Frust, Schlafkrankheit, Profit-Armut, Pleite.

› Wer eine Idee nicht binnen 18 Minuten präsentieren kann, hat keine Idee, sondern ein Konzeptproblem.

ANITRA EGGLER, AUGEN- UND OHRENZEUGIN

Dieses Duo macht …

BLIND: Fieser Farbensalat, Bullet-Point-Paraden, fliegenschisskleiner Text, billige Bilder, grausige Grafiken, entartete Illustrationen und – mein Favorit – Tabellen-Terror auf allen Spalten. Das ist der Stoff, der dazu führt, dass Ihre Zuhörer wegsehen, weghören, wegpennen oder zum Smartphone greifen, um im digitalen Nirwana zu verschwinden. Falls Ihre Folien-Vorlagen Grund für diesen Schrecken sind, werden Sie zur kollektiven Betriebsblindheit gezwungen.

SPRACHLOS: Worthülsen, Denglisch, Fach-Chinesisch, Phrasen-Drescherei und andere Wortmonster – bevorzugt substantiviert – erreichen nur eines: das Hirn schläft ein, die Emotionen bleiben im Tagtraumland, das Sprachgefühl krepiert. 97 Prozent aller Präsentationen sind „verbesserungswürdig“, so das Ergebnis einer Umfrage des Wall Street Journal.

LANGWEILIG: 84 Prozent aller Zuhörer fühlen sich von Präsentationen tödlich gelangweilt. Zu diesem Ergebnis kommt eine Umfrage des Wall Street Journal. Fatal: Täglich werden weltweit Millionen Menschen mit Milliarden einschläfernden Präsentationsfolien in ergebnislosen Meetings und auf unmoralisch teuren Konferenzen gelangweilt. Weil einschlafen vor versammelter Mannschaft schlecht für das Gehalt ist, kämpfen die Opfer mit Pseudo-Aktivität gegen den Meeting-Schlaf. Sie frönen dem E-Mail-Wahnsinn und dem Sinnlos-Surf-Syndrom. Wenn Sie die vorigen zwei Kapitel gelesen haben, wissen Sie: diese Kombination vernichtet Produktivität und IQ.

BILL GATES REICH: PowerPoint wurde mehrere hundert Millionen Mal verkauft. Wenn Sie mich fragen, die Software sollte so verschreibungspflichtig wie Valium sein. Plus: Alle Mitarbeiter müssten in meinem Kommunikationsland einen PowerPoint-Führerschein machen, bevor sie mit dem ersten Bullet-Point wertvolle Aufmerksamkeit abschießen.

DIE WELTWIRTSCHAFT KAPUTT: Fatal, aber wahr: Je teurer die Arbeitskraft, desto mehr Meetings im Kalender. 50 Top-Manager kosten inklusive Lohnneben- und Gemeinkosten pro Meeting-Stunde locker 7.000 Euro. Stellen Sie sich vor, diese 50 Manager erleiden täglich zwei Stunden Produktivitätsverlust durch Meeting-Malaria und Präsentations-Pest. Das kostet 70.000 Euro pro Woche, macht 3,64 Millionen Euro Produktivitäts-Potenzial pro Jahr!

GEISTIG ARM: Glauben Sie, es fördert Ihre Karriere, wenn Ihnen nicht mal der willfährige Müller und der kriecherische Maier zuhören? Glauben Sie mir: Müller und Maier wären sehr gerne wach, die haben nämlich selbst genug Angst vor dem Jobverlust. Nur, wenn Sie vorlesen, was sogar Müller und Maier lesen können, nämlich auf Ihrer mit Textmüll zugekleisterten Folie, dann machen Sie einen tumben Vorleser-Job – bloß, wer braucht und zahlt den?

ARBEITSLOS: Sie brauchen kein Pessimist zu sein, um die obige Rechnung ein bisschen weiterzudenken. Wenn Ihre Firma sparen muss, dann spart Sie Arbeitsplätze. Sinnvoller wäre es, die Produktivität durch professionelle Präsentationen und sinnvolle Meetings zu erhöhen. Aber erklären Sie das mal einem Investor …

Valium fürs Volk.

Neben E-Mail-Wahnsinn, Sinnlos-Surf-Syndrom und der Schlafkrankheit gibt es keine effektiveren Produktivitäts-Vernichter als unnötige Meetings und geistlose Präsentationen. Präsentationen, die das Publikum langweilen und ihr Kommunikationsziel verfehlen. OK, sagen Sie, das leuchtet ein. Aber Sie selbst – Sie können nicht anders. Sie sind schüchtern und schämen sich für Ihre Pieps-Stimme. Die Folien-Vorlagen, die Sie laut Dienstanweisung einsetzen müssen, sind voll Tabellen-Terror und Bullet-Points. Das können Sie nicht ändern? Und wie Sie das können!

9 UHR. DIE FRISUR SITZT. 1.500 EURO STUNDENLOHN SITZEN IM KONFERENZRAUM. Montags-Meeting im Konzernkabinett. Zehn Führungskräfte, drei Projektmanager und der neue Praktikant – der kostet nichts, nur Nerven. In seinem Konformisten-Anzug sieht er aus wie eine minderjährige Raubkopie des CEO. Projektmanager „Wichtig" hat Probleme mit dem Beamer. Sein „Weiß jemand, wie das geht?" wird mit müdem Stöhnen beantwortet. Als die erste Folie an die wehrlose Leinwand fliegt, sehen alle, dass die Bildschirm-Auflösung Länge mal Breite ins Seitenaus konvertiert.

DAS ZERRBILD INTERESSIERT JEDOCH GENAUSO WENIG wie die folgende halbe Stunde: Projektmanager „Wichtig" präsentiert Vertriebszahlen und Wochenziele. Die anwesenden Marketing-Manager zeigen ihr Desinteresse und ihre „Wichtigkeit" durch E-Mailen und Surfen. Der Zahlensalat auf den Folien ist so aufdringlich animiert, dass Führungskraft „Wochenend-Trinker" schwummerig wird. Er schließt die Augen. Vertriebsleiterin „Karrierefrau" weckt mit dem Knall ihrer 12-Zentimeter-Louboutin-Absätze kurz alle Anwesenden als sie zur Leinwand trippelt und die verbleibenden 30 Minuten Geldvernichtung übernimmt. In Minute 61 verlassen 1.500 Euro gelangweilt und demotiviert den Raum. Das war das erste von sieben ergebnislosen Meetings, die noch anstehen. Drei davon Telefon-Konferenzen – keines haben Sie vorbereitet. Gut, dass am Schreibtisch Facebook wartet. Vielleicht hat ja da jemand etwas Interessantes „zu sagen" …

MEETING-INFLATION RUINIERT DAS JAHRESERGEBNIS. Jeder Mitarbeiter ist lernfähig: Wenn die meisten Meetings sinn- und ergebnislos bleiben, sind alle zur geldvernichtenden Beschäftigungstherapie verdammt. Vorbereitung, Aufmerksamkeit und Konzentration waren gestern. Heute regiert „Produktivitäts-Tod powered by PowerPoint*“. Gleich welche Software Sie einsetzen – sie löst dieses Problem nicht, sie ermöglicht es. Ihr Handlanger: Die Diktatur eines unflexiblen Corporate Designs. Erfolgreiche Grafikgesetze für Werbung und Kundenkommunikation versagen in den meisten Fällen, wenn es um Besprechungen und Präsentationen geht. Warum? Weil sie diktieren statt zu inspirieren. Weil sie die Zielgruppe und ihre Bedürfnisse missachten. Gutes Kommunikationsdesign ist so wandlungsfähig wie der Kommunikationsanlass. Ist dann noch der Anwender mangels Zeit oder besseren Wissens nicht in der Lage, die Grenzen von Software und Corporate Design durch Kreativität zu überwinden, ist das Ergebnis Valium statt Prozac. Daran sind in erster Linie nicht die Mitarbeiter schuld, sondern fahrlässige „Gesetze“ und Gepflogenheiten der internen Kommunikation.

NIEMAND WIRD ALS SOKRATES GEBOREN. Sie müssen kein Rhetorik-Genie, Design-Gott oder Hacker sein, um ein spannendes Meeting vorzubereiten und zu halten. Was müssen Sie tun? Nicht viel. Sie müssen ein paar einfache Regeln beherzigen und Ihre Kreativität um ein paar neue Spielarten erweitern. Wichtig: Dabei müssen Sie sich selbst treu bleiben und authentisch sein. Plus: Sie müssen „nein“ sagen lernen. NEIN zu Design-Diktatur, wenn sie Zielgruppe und Kommunikationsanlass missachtet. NEIN zu unnötigen Meetings und fehlender Ergebnis-Kultur. NEIN zu kontraproduktiver Besprechungs-Digitalisierung und Laber-Inflation via Instant Messenger, Telefon-Konferenz und Video-Calls. Und weil „Nein“ nicht produktiv ist, sagen Sie anschließend „Ja“ zu einer neuen Meeting- und Präsentationskultur in Ihrem Unternehmen.

* Wenn Sie jemanden mit einer Banane erschlagen, wer hat dann Schuld? Sicher nicht die Banane. Dasselbe gilt für Präsentations-Software. Microsofts PowerPoint ist durch seine Marktführerschaft zum Gattungsnamen für „Präsentations-Programme“ geworden. Das heißt: Wenn ich „PowerPoint“ schreibe, beziehe ich mich auf die gesamte Gattung, die u.a. Keynote von Apple einschließt. Für Werber, die mit dem Fremdwort bei einer Pitch-Präsentation punkten möchten: Der sprachwissenschaftliche Fachausdruck lautet „Deonym“ und gilt auch für Marken außerhalb der Schweißkampf-Industrie.

Meeten Sie noch

oder

arbeiten Sie schon?

Vom Trainee…

SIE SIND DICHT. Weil Sie immer „wichtiger“ werden, wird Ihr Terminkalender immer voller. Meetings, Meetings, Präsentationen, Präsentationen – Sie brauchen eine/n „PA“*. Sofort.

STAUBSAUGER. Sie hatten ein paar Manager-Trainings. Jetzt verwenden Sie Floskeln wie „Ich bin ganz bei Ihnen“, wenn Teilnehmer in Ihren Meetings aufmucken oder das „Folien-Häschen“* die Storyline vermasselt hat.

ABER HALLO! Sie sind dennoch ein Chamäleon. Sie wurden trotz Ihrer Duckmäuserei in den Führungsnachwuchs-Pool aufgenommen. Liegt das an dem platten Einstiegswitz, mit dem Sie Ihre Präsentationen immer „spontan“ eröffnen?

100 TAGE SIND VORBEI. Alles, was Sie sich vorgenommen haben, haben Sie verdrängt. Dafür haben Sie alles gelernt, was in diesem Konzern stromlinienförmig macht: Fach-Chinesisch, Floskel-Sprache und „Death by PowerPoint“. Ja, aber …

WIE STARTEN SIE DURCH? Das wissen Sie nicht so genau. Deshalb halten Sie sich an Vorlagen und Gruppen-DNA. Sie nehmen, was alle nehmen, und tun, was alle tun. „Nummer sicher“ ist Ihr Weg – zumindest für die ersten Wochen.

DIE ERSTE PRÄSENTATION ist eine Niete. Eine „HR-Lady“ präsentiert Ihnen und ein paar weiteren „Rookies“, wie „alles läuft“. Es ist Montag. 9 Uhr. Sie glauben, dass Sie noch nicht ganz wach sind. Gut so.

IHR ERSTER TAG. Sie haben einen außergewöhnlich guten Uni-Abschluss hingelegt und sich schon während des Studiums als Praktikant bewiesen. Sie waren im Ausland. Sie sprechen drei Sprachen. Sie kennen die Börse. Und alle Theorie der Welt. Jetzt geht’s los: Sie sind top-motiviert und auf Erfolg gebürstet.

* Das sind sehr despektierliche Abkürzungen. „Folien-Häschen“ für die Person, die die „Präsentationsfolien vorbereitet“, „PA“ für „Personal Assistant“, früher als Sekretär oder -in bekannt. Verzeihen Sie mir diese Entgleisung, sie ist mein sprachliches Blutgeld an den täglichen Büro-Schrecken in Agenturen und Konzernen.

SIE BEKOMMEN KEINE/N „PA"*. Irgendwie schaffen Sie Ihr Pensum nicht. Und es wird immer mehr. Weil Sie Erfolg haben, haben Sie noch mehr Meetings. Das „Folien-Häschen"* wurde „umstrukturiert". Jetzt müssen Sie alles alleine machen …

KEINE AHNUNG, KEINE ZEIT. Gut, dass es die Konzern-Vorlagen gibt. Sie packen 1.001 Gedanken auf eine „aussagekräftige" Folie, spicken sie mit Bullet-Points und ziehen in den Folien-Krieg.

WACH-KOMA. Sie sind im mittleren Management gelandet. Ihre „Arbeit" besteht nur noch aus Meetings. Weil Sie so unglaublich überarbeitet sind, schlafen Sie bei den Präsentationen von anderen.

AUGE UM AUGE. Das fällt auch nicht schwer: Die Meetings und Präsentationen der anderen basieren nämlich auf denselben Valium-Vorlagen wie Ihre. Zahn um Zahn.

TELKOS. KONFERENZEN. VIDEO-CALLS. Ihr Unternehmen hat erkannt: Anwesenheit und Aufmerksamkeit kosten Geld. Geld ist Mangelware. Deshalb wird jetzt alles digitalisiert und mobilisiert. Apps müssen her!

SIE VERLIEREN langsam den Verstand. Dauernd müssen Sie sich irgendwo einwählen. Dann treffen Sie 20 Karrieristen, die mit ihrer Selbstdarstellung Ihre immer knapper werdende Zeit vergeuden – und keine Ergebnisse erzielen.

SENIOR. Sie wissen nicht, wie und warum, denken nicht länger darüber nach und freuen sich über Ihre Beförderung zum Senior Manager.

JETZT ODER NIE. Jetzt könnten Sie etwas ändern. Alles, was Sie so viel Zeit gekostet hat, in Wertschöpfung verwandeln. Eine neue Meeting- und Präsentationskultur einführen. Aber…

VALIUM 10. Sie sind einfach zu müde. Und das Haus muss auch abbezahlt werden. Wenn Sie jetzt aus der Reihe tanzen, könnte das Ihr letzter Tanz sein …

GUTE NACHT. Sie schlafen schlecht. Sie haben Ihre Ziele verraten. Ihr Rückgrat ist weichgespült. Ihre Motivation besteht nur noch aus Mitlaufen. Dabei wollten Sie doch – so vieles. Dennoch werden Sie erneut befördert.

.. zur Schlaf-Tablette.

DAS IST DAS ENDE VOM ANFANG. Sie haben die Macht. Sie haben das Budget. Ändern Sie die Regeln. Sie konnten bislang nicht anders. Andere könnten – wenn Sie jetzt wollen …

„70 Prozent meiner Arbeitszeit sind unproduktiv."

Sandra*(44) ist Marketing-Vorstand eines Welt-Konzerns. Ihre 12-Stunden-Arbeitstage verbringt Sie zu 80 Prozent in Meetings und Telkos. In Ruhe arbeiten kann sie nur nachts, am Wochenende und im Urlaub.

Ich habe keine Chance. Soll ich Ihnen verraten, warum? Weil ich so verdammt erfolgreich bin, dass mein Erfolg mein Fallbeil ist. Ich arbeite seit dem Studium im Marketing. Als Frau ist Karriere doppelt schwer. Aus allen Gründen, die Sie kennen und die Männer nicht wahrhaben wollen. Das ist aber nicht mein Problem, darauf bin ich konditioniert.

Mein Problem ist, dass ich keine Zeit habe, produktiv zu arbeiten. Dabei tue ich das am liebsten und werde dafür bezahlt. „Life is a meeting" lautet unser aktueller Zyniker-Witz. Mein Meeting-Leben begann als Marketing-Leiterin. Seit ich im Vorstand bin, ist es unerträglich. Meine Assistentin bucht mir die Tage mit Terminen zu – Wochen im Voraus, Urlaub inklusive.

* In diesem Protokoll beschreibe ich Menschen, Zustände und Ereignisse, die ich in den vergangenen 15 Jahren miterlebt habe. Ähnlichkeiten mit Ihnen oder mir bekannten Erdenbürgern sind zufällig und ungewollt.

Ich bin für alle Weltmärkte verantwortlich, das heißt: Theoretisch muss ich zu allen Zeitzonen-Geschäftszeiten verfügbar sein. Oder andersrum: Ich werde 24/7 mit Kommunikation bombardiert. Dass bei mir täglich über 200 ungelesene E-Mails im Posteingang verrotten, belastet mich nicht – nicht mehr.

„Telkos auf dem Klo."

Weil per E-Mail so vieles unbeantwortet bleibt, werde ich immer häufiger in Telefon-Konferenzen gezwungen: nachts beim Tankstellen-Shopping, im Morgengrauen im Bett und dann den ganzen weiteren Tag über. Manchmal erwischen sie mich sogar auf dem Klo. Auch daran habe ich mich gewöhnt. Sie können sich vorstellen, dass ich deshalb bei vielen „Telkos" geistig alles andere als anwesend bin. Manchmal hängen da 17 Leute in der Leitung: Agenturen, Produktmanager und sonstige Experten vom Dienst. Vorbereiten kann sich keiner, weil alle Meeting-Marathon machen und Agenden und Protokolle ungelesen im Postfach verwesen – das ist der Teufelskreis der Unproduktivität. Was er kostet, will ich gar nicht wissen. Entschieden wird immer seltener etwas. Hauptsache, die nächste Kampagne pusht den Umsatz. Die einzige Zeit, die ich zum produktiven Arbeiten finde, ist im Offline-Himmel während Flugreisen, nachts, am Wochenende und im Urlaub. Ich bin geschieden. Wenn ich nachts wach liege, denke ich manchmal: Schade, dass man „Erfolg" nicht streicheln kann. //

Wie viel Meeting-Malaria und Präsentations-Pest stecken in Ihnen?

Kommt Ihnen bekannt vor? Trifft auf Sie zu? Machen Sie Ihr Kreuz!

Sie verbringen täglich mehr Zeit in Meetings als im Bett.

Während Telefon-Konferenzen gehen Sie heimlich aufs Klo.

Ab Meeting-Sekunde 90 verlieren Sie sich in Tagträumen – mit und ohne Sex.

Ihre durchschnittliche „Vorbereitungszeit“ für Meetings liegt unter 15 Minuten.

Ein Blinder hat bei Ihren Folien dasselbe Erlebnis wie ein Sehender: Sie lesen vor.

Ihre Folien-Vorlagen wurden verordnet, nicht gestaltet.

Entschieden wird in Ihrem Unternehmen am liebsten im nächsten Meeting.

Bei Kongressen zücken Sie Ihr Handy, sobald Sie sitzen und surfen los.

Wenn Sie Vorträge spannend finden, twittern Sie jedes Statement sofort.

Experten erkennen Sie an Ihrer Fach-Sprache – auch Sie sind Experte.

Der tägliche Meeting-Marathon macht Sie so müde, dass Sie keine Energie haben, sich dagegen zu wehren.

Achtung, jetzt macht es „pieks“!

ARBEITEN SIE AUF DEM BAU? Falls nicht: Sind Sie vielleicht die Reinkarnation von Steve Jobs? Beides wäre gut für die Wirtschaft. Sollten Sie einfach nur normal sein: Herzlichen Glückwunsch! Bleiben Sie so und infizieren Sie andere. In einer abartigen Geschäftswelt ist der Normale wegweisender als der Einäugige unter Blinden.

1–3

ALARMSTUFE EINS: Meeting-Malaria und Präsentations-Pest haben eine schleichende Inkubationszeit. Wenn Sie die ersten Symptome tatenlos akzeptieren, brauchen Sie sich nicht wundern, wenn Ihre Kollegen Sie eines Tages hinterrücks als den oder die „zahnlose XY" bezeichnen. Kleiner Tipp: Hören Sie auf die ersten Warnsignale und üben Sie zur Sicherheit ein kurzes, mächtiges, überlebenswichtiges Wort: nein. Entlarven Sie Laber-Meetings, brandmarken Sie Folien-Verbrechen, sagen Sie: „NEIN!".

3–10

HERZLICHES BEILEID: Muster-Chef Bernd Stromberg würde jetzt sagen: „Wenn du schon auf der Titanic fährst, dann setzt du am Besten noch Hein Blöd ans Steuer." Sie sind nicht Hein Blöd, so ist das nicht gemeint. Nur: Wenn Sie Ihre Kreativität und Produktivität weiter so vergeuden, wird bald nichts mehr davon übrig sein. Wehren Sie sich! Auch wenn Sie nicht der Steuermann sind, greifen Sie zum Steuer und ändern Sie die Regeln zu Ihrem und dem Wohl aller. Wie? Einfach weiterlesen.

Stoppen Sie Meeting-Malaria und Präsentations-Pest.

BLITZ-THERAPIE*

* in Einzeller-kompatiblen Schritten

x10

1

MACHEN SIE SICH RAR

HINTERFRAGEN SIE JEDE MINUTE Ihrer kostbaren Zeit. Erst wenn Sie mit Eigenblut unterschreiben, dass sie gut investiert ist, opfern Sie einen kleinen Teil für Termine und Besprechungen.

ZEIT IST IHR KOSTBARSTES GUT – verschwenden Sie es sparsam. Werfen Sie einen Blick in Ihren Terminkalender: Ist er noch voller als Ihr Kopf? Dann wird es Zeit für Zeit-Entzug. Röntgen Sie alle Termine nach „Zeit ist Geld"- und „Kosten versus Nutzen"-Prinzip. Beantworten Sie sich folgende Fragen:

IST DIESER TERMIN ÜBERHAUPT NOTWENDIG?

— Was ist das Ziel der Besprechung? Was steht auf der Agenda?
— Ist das Ziel für SIE wichtig und dringend oder nur für andere?
— Kann es durch eine effizientere Kommunikationsart erreicht werden?

TIPP: Streichen Sie Termine, die reine Routine sind oder reinen Informations-Charakter haben, z.B. Jour fixe, wenn es nichts zu sagen gibt, oder Verkaufspräsentationen von anderen. Wenn Sie das Angebot nicht unmittelbar brauchen oder sich rasche Wertschöpfung davon versprechen, reicht das Wissen, dass es existiert.

DER TERMIN IST NOTWENDIG? OK. WAS PASSIERT OHNE SIE?

— Blockiert Ihre Abwesenheit Entscheidungen, Prozesse, Projekterfolge, Innovationen, Marktchancen?
— Reicht es, wenn Sie auf Basis eines Protokolls entscheiden?
— Schadet Ihr Fernbleiben Ihrer Karriere oder dem Betriebsklima?

ES GEHT NICHT OHNE SIE? NA GUT. INVESTIEREN SIE NUR DIE HALBE KRAFT!

— Reduzieren Sie die Teilnehmerzahl auf ein Minimum.
— Halbieren Sie die Besprechungszeit: 45 Minuten maximal.
— Streichen Sie Agenda-Punkte, die nicht wichtig und dringend sind.
— Bedarf es einer Präsentation? Reichen auch Flipchart und freie Rede?
— Wer moderiert? Wer führt Protokoll, verteilt Aufgaben und Ergebnisse? Muss das per E-Mail sein? Wenn ja, nicht als Anhang! Direkt im Text: maximal zehn ToDo/Ergebnis-Punkte ohne Blabla.

2 WERDEN SIE DIGILOG UND ANATAL

DIGITAL IST IM SCHLECHTESTEN FALL das neue „doof". Instant Messenger und Video-Calls überwinden Kontinente und Zeitzonen und wirken persönlich. Im überkommunizierten Berufsalltag ersetzen sie jedoch niemals das analoge Gespräch. Undiszipliniert eingesetzt, bewirken sie sogar das Gegenteil.

BEVOR SIE MITTEN IN EINER „TELKO“ AUFS KLO SCHLEICHEN, werden Sie bitte wieder „analog“. Es ist nur beim ersten Mal subversiv lustig, dass es keiner der 17 anderen Teilnehmer bemerkt. Was bleibt, ist eine Bankrott-Erklärung an Sie selbst. An Ihre Firma und an den Plural aus Ihnen und der Firma, die Ihr Weihnachtsgeld bezahlt: Unternehmenskultur nennt man das – Sie sind ein Teil davon. Kämpfen Sie für Ihr Recht auf eine sinnerfüllte, produktive Arbeit und beherzigen Sie folgende Erkenntnisse.

TELEFON-KONFERENZEN UND VIDEO-CALLS SIND EIN EFFIZIENTES KOMMUNIKATIONSMITTEL FÜR:

— Kurze Entscheidungswege in internationalen Teams.
— Entscheider, die mit Entscheidern konferieren.
— Team-Building internationaler Teams, wenn das Budget klein ist.

SIE SIND ABSOLUT FATAL FÜR:

— Brainstormings, Diskussionen, Abstimmung unter zig Partnern.
— Kreative Prozesse, wenn mehr als zwei Partner involviert sind.
— Die Zusammenarbeit konkurrierender Teilnehmer.

INSTANT MESSENGER SIND WUNDERBAR FÜR:

— Internationale Projekt-Kommunikation mit IT-Background.
— Kurze Abstimmungsprozesse zwischen Entscheidern.
— Freizeit-Kommunikation mit Freunden aus aller Herren Länder.

SIE SIND ABSOLUT FATAL FÜR:

— Konzentration am Arbeitsplatz.
— Brainstormings, Diskussionen, kreative Prozesse und Abstimmung unter zig Partnern.
— Menschen, die verlernt haben, im echten Leben anwesend zu sein.

3

SCHLAFEN SIE SICH SCHLAU, SEXY UND SCHÖN

VIELE MEETINGS LASSEN SICH nicht von jetzt auf gleich vermeiden. Wenn Sie sich nur eines pro Tag ersparen, gewinnen Sie locker 30 Minuten. Die investieren sie in eine Siesta – sie ist wesentlich produktiver als Meeting-Schlaf.

SIESTA STATT WACHKOMA. Bevor Sie am nächsten Meeting teilnehmen und in Meeting-Schlaf verfallen, machen Sie lieber gleich eine echte Siesta*. Das bringt Ihnen und Ihrem Unternehmen mehr als Sie sich träumen lassen. Falls Sie fürchten, dass Ihre „lieben Kollegen" Sie deshalb als „Schnarchnase" brandmarken, berufen Sie sich – wenn Sie sich Zynismus leisten können – auf Churchill. „Büroschlaf ist: Die Kunst, einmal mehr aufzustehen, als man umgeworfen wird" – die ersten zwei Wörter habe ich ergänzt. Falls auf Ihrer Hierarchie-Stufe Zynismus gleichbedeutend für „Karriere-Suizid" ist, zitieren Sie ebenfalls Churchill, aber mit diesen Worten: „Wo Chef und Chef in spe immer die gleichen Ansichten vertreten, ist einer von ihnen überflüssig." Hier habe ich „Chef in spe" ergänzt. Sollte dieser Spruch Ihre Aufstiegs-Chancen eindämmen – suchen Sie neue Chancen in einem Unternehmen, das eigenverantwortliche Menschen fördert statt unterdrückt. Eigenverantwortlich heißt auch, dass Sie einem CFO erklären können, was eine kleine Siesta bringt. Die Schlaf-Wissenschaftlerin und Harvard-Doktorandin Sara C. Mednick formuliert folgende Vorteile in ihrer Nickerchen-Bibel „Take a Nap! Change Your Life".

JEDE BÜRO-SIESTA VERBESSERT DAS JAHRESERGEBNIS, WEIL SIE:

— Aufmerksamkeit und Konzentration um bis zu 100 Prozent erhöht.
— Motorische Koordination und Genauigkeit stärkt (Chirurgen!).
— Stress und Suchtverhalten reduziert (Kaffee, Zigaretten, Süßigkeiten, E-Mail-Wahnsinn, Sinnlos-Surf-Syndrom …).
— Wahrnehmungsfähigkeit und Entscheidungsfreude verbessert.
— Herzinfarkt- und Schlaganfall-Risiko reduziert.
— Jugendliches Aussehen konserviert und angeblich zu besserem Sex verhilft. Dieser Punkt wirkt indirekt auf das Jahresergebnis – ganz sicher aber direkt auf das Siesta-Verständnis Ihres CFO.

* Kein Sofa in der Nähe? Wo ein Wille ist, ist ein Schlafplatz! Wie wär's mit der Rückbank Ihres Autos? Da werden Jugendsünden wach! Sie fahren umweltbewusst? Bus-Häuschen ist keine gute Idee. Besser: Im Sitzen schlafen, Kopf auf den Schreibtisch betten (= chinesische Siesta), auf den Boden legen (= Fakir-Siesta), Kopf an die Klowand kuscheln (= Masochisten-Siesta).

4

WERDEN SIE GAME-STORMER

BRAINSTORMING IST VON GESTERN. Die digitale Wissensgesellschaft inspiriert „Gamestorming". So verwandeln Spiel-Konzepte Ihr Meeting in eine Produktivitäts-Fabrik. Im konkreten Fall entsteht der Spiel-Faktor durch die simple Zugabe von streng limitierter Denkzeit.

VERPASSEN SIE IHREN MEETING-ROUTINEN EINE KREATIV-KUR. Die besten Techniken finden Sie dort, wo der Mensch seit Jahrtausenden Spaß hat – unabhängig davon, wie „analog" oder „digital" er tickt, denkt, arbeitet und lebt.

WANN HAT DER MENSCH BESONDERS VIEL SPASS? Wenn er spielt. Adaptieren Sie erfolgreiche Spiel-Konzepte auf Ihre Besprechungskommunikation. Sie erhöhen dadurch den Arbeitsspaß und die Motivation. Sie fördern Kreativität und scheuklappenfreies Denken. Sie steigern die Produktivität und erzielen bessere Ergebnisse.

STARTEN SIE MIT DEM „3-12-3 GAMESTORMING" VON DAVE GRAY. Die „Gamestorming"-Variante* konvertiert zielloses Labern und Selbstdarstellung in ein ergebnisorientiertes Kurz-Format.

- **ZIEL:** neue Ideen finden oder bestehende verbessern.
- **VORBEREITUNGSZEIT:** Moderator fünf Minuten, Teilnehmer keine.
- **TEILNEHMERZAHL:** bis zu zehn sind produktiv, mehr kosten Zeit.
- **DAUER:** 21 bis 30 Minuten – je nach Teilnehmerzahl.
- **MATERIAL:** Karteikarten, Stifte, Humanressourcen.
- **ERFOLGSFAKTOR:** Strikt die Zeit einhalten – das fördert spontane Ideen und verhindert entscheidungsarmes exzessives Nachdenken.
- **SPIELANLEITUNG:** Setzen Sie ein Wort oder eine Frage als Thema fest. Zum Beispiel: „Kommunikations-Effizienz" oder „Wie werden unsere Meetings produktiver?". Die Teilnehmer haben drei Minuten Zeit, alle Zeit- und Hauptwörter auf Karteikarten zu schreiben, die ihnen zu diesem Thema einfallen. Dann mischen Sie die Karten und teilen die Gruppe: Jede Kleingruppe zieht drei Karten aus der Ideen-Sammlung und hat nun 12 Minuten Zeit aus diesen und eigenen Ideen ein Kurz-Konzept zu entwickeln, das ab Minute 13 für jeweils drei Minuten präsentiert wird.

* Über 80 weitere Spiel-Ideen finden Sie in „Gamestorming: Ein Praxisbuch für Querdenker, Moderatoren und Innovatoren" von Dave Gray und auf www.gogamestorm.com.

5 HÄNGEN SIE DEN PREUSSEN RAUS*

WER PREUSSISCHE TUGENDEN VORURTEILS- UND KLISCHEEFREI liest und pazifistisch interpretiert, wird feststellen, dass da einiges drinsteckt, was gegen Meeting-Malaria und Präsentations-Pest hilft. Befehl und Gehorsam zählen nicht dazu.

OBWOHL ICH MIT PREUSSEN SO VIEL AM HUT HABE wie ein Zugvogel mit Staatsbürgerschaft, werde ich mit diesem Wort gebrandmarkt, seit ich meine Geburtsstadt Karlsruhe 1992 verlassen habe. Warum? Das habe ich mich oft gefragt. „Preuße“ oder „Preiß“, wie „der Bayer“ sagt und gerne „Sau“ davorstellt, scheint ja aufs erste Hören kein Kandidat für eine Top-Platzierung bei „Das schönste Kompliment der Welt“. Denkt man darüber nach, bergen preußische Tugenden – positiv umgesetzt und pazifistisch verstanden – jedoch vieles, was der gemeine Büro-Krieger braucht, um seinen Kampf gegen Meeting-Malaria und Präsentations-Pest zu gewinnen.

DIESE PREUSSISCHEN TUGENDEN VERWANDELN LABER-MEETINGS UND PRÄSENTATIONS-KOMA in produktiv-kreatives Zirkeltraining:

- **PÜNKTLICHKEIT:** Klingt spießig, muss aber sein. Wenn Sie auf Zuspätkommende warten, die sich „im Internet vergessen“ haben, verbringen Sie Lebensjahre mit Warten. Wer unpünktlich ist, bleibt draußen. Plus: Kein Meeting geht in die Verlängerung.
- **DISZIPLIN:** Handys aus, Laptops weg, Hirne an. Wer nicht bei der Sache ist, war bei der Sache und zum letzten Mal bei diesem Meeting. Das gilt auch für Agenda-Punkte und Sprechzeiten: einhalten oder Klappe halten.
- **GERADLINIGKEIT:** Wer seine Ideen nicht binnen 18 Minuten präsentieren kann, hat keine Ideen, sondern ein Struktur- und Konzeptproblem. Zur Inspiration: www.ted.com.
- **ORDNUNGSSINN:** Auch dieser Punkt klingt wie ein Verhütungsmittel. Aber er hilft. Jedes Meeting ist absolut sinnlos, wenn Sie es nicht mit Ergebnissen und verbindlichen weiterführenden Schritten abschließen. Mündlich reicht leider in den wenigsten Fällen. Effizient: Aufgaben via Kalenderfunktion verteilen oder kollaborative Projektplattformen im Web nutzen.

* Bitte verzeihen Sie mir die Doppeldeutigkeit – sie ist gewollt. Liebe Österreicher, ich bin seit 2001 begeisterte Wahl-Wienerin und hoffe, ich darf meinen Wien-Wohnsitz trotz dieser Regel behalten. Zur Versöhnung: Eure Ski-Sportler sind mindestens so grandios wie die deutschen Fußballer! Liebe Schweizer, bitte zeigen Sie sich von Ihrer Schokoladen-Seite – blättern Sie einfach um.

6 LERNEN SIE VON DER „BILD“

IHRE SPRACHE VERRÄT SIE. Woran erkennen Sie einen Zeitdieb, der nichts zu sagen hat? Er drischt Phrasen, versteckt Unwissen hinter Floskeln, Fremdwörtern und Fach-Chinesisch.

„WER VIEL ZU SAGEN HAT, BRAUCHT WENIG WORTE!“ – so lautete der Werbeslogan der „BILD“-Zeitung vor einigen Jahren. Er hat mir so gut gefallen, dass ich ihn heute noch zitiere. Falls Ihre Augenbrauen jetzt Richtung Norden schnellen – halten Sie ein! Selbst der intellektuellste FAZ-Leser muss verstehen, dass guter Boulevard-Journalismus kein Oxymoron* ist. Die Stilmittel des Boulevard-Journalimus schaffen etwas, das jeder Redner beherzigen sollte, weil es Erfolgsgarant für jedes Meeting und jeden Vortrag ist. Anmerkung für kritische Leser: Die Stilmittel – nicht die Darstellung der Inhalte, ihre Färbung oder die Kreation von firmeneigenen Unwörtern wie „Schummel-Pinkler“, „Inzest-Monster“ oder „Deutürken“.**

WAS KANN EIN BOULEVARD-JOURNALIST, WAS SIE KÖNNEN SOLLTEN?

— Große Zusammenhänge in einfachen Worten erklären.
— Fachbegriffe meiden wie ein Chefredakteur den Presserat.
— Mit kurzen Sätzen Aufmerksamkeit wecken und halten.
— Wortbilder platzieren, die großes Kopfkino starten.
— So schreiben, dass man Stimmen hört: die des Erzählers und aller Protagonisten – und das, ohne sich dabei schizophren zu fühlen.
— Spannung aufbauen, durch einfache Erzähl-Tricks, die schon die Brüder Grimm beherrschten. Dabei handelt es sich um denselben Stoff, der Serien-Freaks von einer Soap-Folge in die nächste zwingt. Beispiel? Ein Mann hängt mit einer Hand an einem Kliff und schreit um sein Leben. 200 Meter tiefer tost das Meer. Wird er überleben? Schnitt. Abspann. Nächste Folge.

DAS KÖNNEN SIE AUCH – UND SIE KÖNNEN ES TRAINIEREN. Wie? Lesen Sie Boulevard-Zeitungen und analysieren Sie Kommunikationsziel, Aufbau, Wort-Wirkstoffe und Sprachkonzept von jedem Artikel.

* „BILD“-Leser: Oxymoron – das Wort stammt vom Griechischen „oxys“ – scharf(sinnig) und „moros“ – dumm. Es bezeichnet eine rhetorische Figur, bei der eine Formulierung aus zwei einander (scheinbar) widersprechenden Begriffen gebildet wird. Alles unklar?

** Link-Tipp für FAZ-Leser: www.bildblog.de

7

BILDEN SIE MEINUNG

DER SATZ IST SO ABGEDROSCHEN, dass ich ihn kaum zu schreiben wage. Aber er ist wahr. Deshalb muss er hier stehen: Ein Bild sagt mehr als 10.000 Worte – lernen Sie Bildsprache, der Rest erledigt sich fast von selbst …

DER SCHLIMMSTE FEHLER, DEN SIE MACHEN KÖNNEN IST ...? Vorleser sein. Wenn Sie nicht Bernhard Schlink sind, landen Sie damit keinen Bestseller, sondern in der Wüste der Gedankenlosigkeit. In der Langeweile. Im Aus. Wenn Sie Menschen vorlesen, was sie gerade sehen, dann ist das so als würden Sie einem Sehenden beschreiben, was er gerade sieht. Das beleidigt seinen Verstand. Das ist so unnötig wie Krieg.

WIE MACHEN SIE ES RICHTIG? Wer viel zu sagen hat, braucht wenig Worte. Alles, was bei der „BILD" (siehe vorige Seite) die Länge einer Schlagzeile sprengt, darf nicht auf Ihren Folien stehen. Und mit Folien ist eine ganze Folie gemeint, nicht nur die Überschrift. Maximal 50 Zeichen. Mehr langweilt Ihre Zuhörer. Und was passiert dann? Sie schlafen ein. Beginnen zu mailen, zu surfen, zu träumen – auf Finanzer-Sprech: Sie beginnen, Produktivität und Profit zu vernichten. Möchten Sie das? Nein? Dann ...

LASSEN SIE BILDER* SPRECHEN. Eine spannende Folie besteht aus 80 Prozent Bild (Emotion) und 20 Prozent Text (Inhalt), die sich ergänzen und Spannung aufbauen. Kämpfen Sie dafür, dass Ihre Firma eine Bilddatenbank eröffnet und ein Abo bei einer Bild-Agentur kauft, die es Recht macht und billig ist. Und: Bitte lesen Sie zwei Bände „ZEN oder die Kunst der Präsentation"** bevor Sie Ihre Folien selbst gestalten. Zu meinen Lieblingsbildquellen zählen: ffffound.com, behance.net, netdiver.net, everystockphoto.com, thecoolhunter.net, shutterstock.com, flickr.com, graphicriver.net und images.google.com.

WICHTIG: Copyrights kennen, achten und nennen. Plus: Suchen Sie nach hochauflösenden Bildern. Kein Foto ist immer besser als ein Foto, das zu klein ist, von mieser Qualität oder 100 Mal Déjà-vu.

* Für Unverbesserliche: „Lustige Männchen"-Illustrationen oder sonstige Cliparts sind keine Bilder, sondern Grafik-Terror.
** Garr Reynolds: „ZEN oder die Kunst der Präsentation", Addison-Wesley, 2008; „ZEN oder die Kunst des Präsentationsdesigns", Addison-Wesley, 2010.

Stoppen Sie Meeting-Malaria und Präsentations-Pest. BLITZ-THERAPIE* x4

* in Einzeller-kompatiblen Schritten

VORSICHT! DIESE SEITE WURDE VON EINEM „PPT-KÜNSTLER“ GESTALTET.

1 MACHEN SIE SICH RAR
HINTERFRAGEN SIE JEDE MINUTE Ihrer kostbaren Zeit. Erst wenn S… rt ist, opfern Sie einen kleinen Teil für Termine und Besprechungen …
ZEIT IST IHR KOSTBARSTES GUT – verschwenden Sie es spars… noch voller als Ihr Kopf? Dann wird es Zeit für Zeit-Entzug. Röntg… versus Nutzen“-Prinzip. Beantworten Sie sich folgende Fragen:
IST DIESER TERMIN ÜBERHAUPT NOTWENDIG?

- Was ist das Ziel der Besprechung? Was steht auf de…
- Ist das Ziel für SIE dringend und wichtig oder nur für an…
- Kann es durch eine effizientere Kommunikationsart err…

TIPP: Streichen Sie Termine, die reine Routine sind oder reinen In… nichts zu sagen gibt, oder Verkaufspräsentationen von anderen . Wenn … oder sich rasche Wertschöpfung davon versprechen, reicht das Wissen, dass …
DER TERMIN IST NOTWENDIG? OK. WAS PASSIERT OHNE SIE?

- Blockiert Ihre Abwesenheit Entscheidungen, Prozesse, Projekterfol… n?
- Reicht es, wenn Sie auf Basis eines Protokolls entscheiden?
- Schadet Ihr Fernbleiben Ihrer Karriere oder dem Betriebsklima?

ES GEHT NICHT OHNE SIE? NA GUT. INVESTIEREN SIE NUR DIE HALBE KRAFT!

- Reduzieren Sie die Teilnehmerzahl auf ein Minimum.
- Halbieren Sie die Besprechungszeit: 45 Minuten maximal.
- Streichen Sie Agenda-Punkte, die nicht dringend und wichtig sind.
- Bedarf es einer Präsentation? Reichen auch Flipchart und freie Rede?
- Wer moderiert? Wer führt Protokoll, verteilt Aufgaben und Ergebnisse? Muss das per E-Mail sein? Wenn ja, nicht als Anhang! Direkt im Text: maximal zehn ToDo/Ergebnis-Punkte ohne Blabla.

AUTOR: PPT-Künstler DATUM: 06.06.1966

LOGO

2 WERDEN SIE DIGILOG UND ANATAL
DIGITAL IST IM SCHLECHTESTEN FALL das neue „doof“. Instant Messenger und Video-Calls überwinden Kontinente und Zeitzonen und wirken persönlich. Im überkommunizierten Berufsalltag ersetzen sie jedoch niemals das analoge Gespräch. Undiszipliniert eingesetzt, bewirken sie sogar das Gegenteil.
BEVOR SIE MITTEN IN EINER „TELKO“ AUFS KLO SCHLEICHEN, werden Sie bitte wieder „analog“. Es ist nur beim ersten Mal subversiv lustig, dass es keiner der 17 anderen Teilnehmer bemerkt. Was bleibt, ist eine Bankrott-Erklärung an Sie selbst. An Ihre Firma und an den Plural aus Ihnen und der Firma, die Ihr Weihnachtsgeld bezahlt: Unternehmenskultur nennt man das – Sie sind ein Teil davon. Kämpfen Sie für Ihr Recht auf eine sinnerfüllte, produktive Arbeit und beherzigen Sie folgende Erkenntnisse.
TELEFON-KONFERENZEN UND VIDEO-CALLS SIND EIN EFFIZIENTES KOMMUNIKATIONSMITTEL FÜR:

- Kurze Entscheidungswege in internationalen Teams.
- Entscheider, die mit Entscheidern konferieren.
- Team-Building internationaler Teams, wenn das Budget klein ist.

SIE SIND ABSOLUT FATAL FÜR:

- Brainstormings, Diskussionen, Abstimmung unter zig Partnern.
- Kreative Prozesse, wenn mehr als zwei Partner involviert sind.
- Die Zusammenarbeit konkurrierender Teilnehmer.

INSTANT MESSENGER SIND WUNDERBAR FÜR:

- Internationale Projekt-Kommunikation mit IT-Background.
- Kurze Abstimmungsprozesse zwischen Entscheidern.
- Freizeit-Kommunikation mit Freunden aus aller Herren Länder.

SIE SIND ABSOLUT FATAL FÜR:

- Konzentration am Arbeitsplatz.
- Brainstormings, Diskussionen, kreative Prozesse und Abstimmung unter zig Partnern.
- Menschen, die verlernt haben, im echten Leben anwesend zu sein.

AUTOR: PPT-Künstler DATUM: 06.06.1966

LOGO

BITTE SEHEN SIE WEG, BEVOR IHRE SEHKRAFT LEIDET. TIPP: UMBLÄTTERN!

3 SCHLAFEN SIE SICH SCHLAU, SEXY UND SCHÖN

VIELE MEETINGS LASSEN SICH nicht von jetzt auf gleich verm
Sie locker 30 Minuten. Die investieren sie in eine Siesta – sie

SIESTA STATT WACHKOMA. Bevor Sie am nächsten Meeting teiln
lieber gleich eine echte Siesta*. Das bringt Ihnen und Ihrem Unt
fürchten, dass Ihre „lieben Kollegen“ Sie deshalb als „Schnarc
Zynismus leisten können – auf Churchill. „Büroschlaf ist: Die Kunst, e en
wird“ – die ersten zwei Wörter habe ich ergänzt. Falls auf Ihrer Hiera Karriere-
Suizid“ ist, zitieren Sie ebenfalls Churchill, aber mit diesen Worten: „ gleichen
Ansichten vertreten, ist einer von ihnen überflüssig.“ Hier habe ich „in spe“ hre Aufstiegs-
Chancen eindämmen – suchen Sie neue Chancen in einem Unternehmen, da e Menschen fördert
statt unterdrückt. Eigenverantwortlich heißt auch, dass Sie einem CFO erklären könn was e kleine Siesta bringt. Die
Schlaf-Wissenschaftlerin und Harvard-Doktorantin Sara C. Mednick formuliert folgende Vorteile in ihrer Nickerchen-Bibel
„Take a Nap! Change Your Life“.

JEDE BÜRO-SIESTA VERBESSERT DAS JAHRESERGEBNIS, WEIL SIE:

- Aufmerksamkeit und Konzentration um bis zu 100 Prozent erhöht.
- Motorische Koordination und Genauigkeit stärkt (Chirurgen!).
- Stress und Suchtverhalten reduziert (Kaffee, Zigaretten, Süßigkeiten, E-Mail-Wahnsinn, Sinnlos-Surf-Syndrom …).
- Wahrnehmungsfähigkeit und Entscheidungsfreude verbessert.
- Herzinfarkt- und Schlaganfall-Risiko reduziert.
- Jugendliches Aussehen konserviert und angeblich zu besserem Sex verhilft. Dieser Punkt wirkt indirekt auf das Jahresergebnis – ganz sicher aber direkt auf das Siesta-Verständnis Ihres CFO.

* Kein Sofa in der Nähe? Wo ein Wille ist, ist ein Schlafplatz! Wie wär's mit der Rückbank Ihres Autos? Da werden Jugendsünden ch! S umweltbewusst? Bus-Häuschen ist keine gute Idee. Besser: Im Sitzen schlafen, Kopf auf den Schreibtisch betten (= chinesische sta), d (= Fakir-Siesta), Kopf an die Klowand kuscheln (= Masochisten-Siesta).

AUTOR: PPT-Künstler DATUM: 06.06.1966

LOGO

4 WERDEN SIE GAME-STORMER

BRAINSTORMING IST VON GESTERN. Die digitale Wissensgesellschaft inspiriert „Gamestorming“. So verwandeln Spiel-Konzepte Ihr Meeting in eine Produktivitäts-Fabrik.

VERPASSEN SIE IHREN MEETING-ROUTINEN EINE KREATIV-KUR. Die besten Techniken finden Sie dort, wo der Mensch seit Jahrtausenden Spaß hat – unabhängig davon, wie „analog“ oder „digital“ er tickt, denkt, arbeitet und lebt.

WANN HAT DER MENSCH BESONDERS VIEL SPASS? Wenn er spielt. Adaptieren Sie erfolgreiche Spiel-Konzepte auf Ihre Besprechungskommunikation. Sie erhöhen dadurch den Arbeitsspaß und die Motivation. Sie fördern Kreativität und scheuklappenfreies Denken. Sie steigern die Produktivität und erzielen bessere Ergebnisse.

STARTEN SIE MIT DEM „3-12-3 GAMESTORMING“ VON DAVE GRAY.
Die „Gamestorming“-Variante* konvertiert zielloses Labern und Selbstdarstellung in ein ergebnisorientiertes Kurz-Format.

- ZIEL: neue Ideen finden oder bestehende verbessern.
- VORBEREITUNGSZEIT: Moderator fünf Minuten, Teilnehmer keine.
- TEILNEHMERZAHL: bis zu zehn sind produktiv, mehr kosten Zeit.
- DAUER: 21 bis 30 Minuten – je nach Teilnehmerzahl.
- MATERIAL: Karteikarten, Stifte, Human Resources.
- ERFOLGSFAKTOR: Strikt die Zeit einhalten – sie fördert spontane Ideen und verhindert entscheidungsarmes exzessives Nachdenken.
- SPIELANLEITUNG: Setzen Sie ein Wort oder eine Frage als Thema fest. Zum Beispiel: „Kommunikations-Effizienz“ oder „Wie werden unsere Meetings produktiver?“. Die Teilnehmer haben drei Minuten Zeit, alle Zeit- und Hauptwörter auf Karteikarten zu schreiben, die ihnen zu diesem Thema einfallen. Dann mischen Sie die Karten und teilen die Gruppe: Jede Kleingruppe zieht drei Karten aus der Ideen-Sammlung und hat nun 12 Minuten Zeit aus diesen und eigenen Ideen ein Kurz-Konzept zu entwickeln, das ab Minute 13 für jeweils drei Minuten präsentiert wird.

* Über 80 weitere Spiel-Ideen finden Sie in „Gamestorming: Ein Praxisbuch für Querdenker, Moderatoren und Innovatoren“ von D Gray gogamestorm.com.

AUTOR: PPT-Künstler DATUM: 06.06.1966

LOGO

8 WERDEN SIE STEVE SOKRATES

WENN SIE DEM POWERPOINT-DIKTAT ENTFLIEHEN WOLLEN, haben Sie zwei Möglichkeiten: 1. Sie werden analog. 2. Sie werden digital. Und beides bitte radikal.

ES GIBT INTELLIGENTES LEBEN IM KONZERN*. ES GIBT ANALOGE PRÄSENTATIONSFORMEN vor PowerPoint. Und digitale Werkzeuge danach. Vorzeit und Neuzeit befreien Ihre Präsentationen aus der Wüste der Beliebigkeit. Folgendes sollten Sie ausprobieren:

1. FOLIEN WEG, PERSÖNLICHKEIT HER

Sokrates wäre kein besserer Redner gewesen, hätte er seinen Worten Folien verliehen. Was schließen wir daraus? Eine gute Rede bedarf keiner zusätzlichen Folienkraft. Sie braucht Wort- und Tatkraft. Beides können Sie trainieren. Wie?
Kopieren Sie die Besten und machen Sie es besser: Sehen Sie sich auf YouTube Präsentationen bemerkenswerter Redner an. Steve Jobs („Stay hungry, stay foolish", alle Produkt-Präsentationen), Franck C. J. Macky („Seduce and Destroy", Teil 1) und Verführer im Namen der Massenmotivation wie Anthony „Tony" Robbins und Co. Plus: Die Vorträge auf www.ted.com.

2. OFFICE-PROGRAMME RAUS, WEB-APPS REIN

Wenn Sie etwas schon 100 Mal gesehen haben, finden Sie es noch so spannend wie beim ersten Mal? Die Liebe Ihres Lebens stellt hier hoffentlich eine Ausnahme dar – die Präsentation Ihres Kollegen tut das sicher nicht. Nehmen Sie sich eine Stunde Zeit und entdecken Sie neue Präsentations-Möglichkeiten im Netz:

- www.prezi.com: Perfekt für Präsentationen bis 25 Minuten.
- www.ahead.com: Seit Monaten beta, aber schon sehr alpha.
- www.pecha-kucha.org: 20 Bilder je 20 Sekunden, für genau 6:40 Präsentations-Minuten. Top-Technik aus Tokio, für Anfänger und Fortgeschrittene bestens geeignet. Wichtig: 1A-Bilder verwenden!
- www.slideshare.net: Die Oase für Benchmarking und Recherche. Tipp: Abonnieren Sie die besten Folien-Macher Ihrer Zunft!

* Diesen Satz verdanke ich meinem Lieblingsmagazin „brand eins". Er zierte das Juni-Cover 2011 zum Schwerpunkt-Thema „Großorganisation".

9 LASSEN SIE DEN REITER RITTERN

IM BÜRO-ALLTAG MÜSSEN SIE EINES IMMER: Ergebnisse verkaufen. Eine einfache Methode des Rhetorik-Trainers Matthias Pöhm* verwandelt Ihre nächste Durchschnittsleistung in einen präsentatorischen Erfolg.

SIE LEISTEN HERAUSRAGENDE ARBEIT. Dennoch halten Chefs und Kollegen Ihre Projekte für unbedeutender als Schmeißfliegentod? Könnte sein, dass das nur daran liegt, wie Sie Ihre Ergebnisse „verkaufen“ … Lassen Sie den Reiter rittern: So nutzen Sie eine erfolgserprobte Technik für Ihren nächsten Präsentations-Erfolg. Der Aufbau ist ganz simpel:

1. DIE HÖLLEN-SCHWIERIGKEIT

Ihre Präsentation startet mit der Ausgangslage. Und die stellen Sie als die ultimative Höllen-Schwierigkeit dar. Beschreiben Sie widrige Bedingungen in eindringlichen Details. Achtung: Nicht schwafeln, keine Fachsprache, Boulevard-Deutsch. Kurze, emotionale Sätze auf Augenhöhe formuliert und im Präsens erzählt sind erfolgsentscheidend! Dann beenden Sie diesen ersten Teil mit dem Pöhm'schen Killer-Satz: „Ich denke: Das schaffe ich nie!“.

2. DER RITTER REITET EIN

Sie ahnen schon: Der Ritter sind Sie und Ihre schier unglaublichen Leistungen. Jetzt berichten Sie, wie Sie alle Widrigkeiten aus Teil eins mit Hartnäckigkeit, Mut, Hirn und was immer Sie zu Ihren Tugenden zählen, gemeistert haben. Welche Maßnahmen haben Sie ergriffen? Wie näherten Sie sich der Lösung, dem Hammer-Ergebnis? Wichtig: Es darf nicht zu glatt gehen. Erzählen Sie von Rückschlägen. Das Publikum muss leiden.

3. WILLKOMMEN IM PARADIES

Hier leben Ihre Ergebnisse. Beschreiben Sie sie in schönen Farben, abgemischt mit harten Fakten. Und dann?

4. APPLAUS.

* Matthias Pöhm: „Der Irrtum PowerPoint: Präsentieren Sie noch oder faszinieren Sie schon?“, Pöhm Seminarfactory, 2011. Trainings & Soforthilfe finden Sie auf www.poehm.com.

10 LERNEN SIE VON CHE UND EVITA

SAGEN SIE JETZT NICHT: Ich bin aber gar nicht zuständig … Sie sind dafür verantwortlich, dass Sie Ihre Lebens- und Arbeitszeit klug investieren. Fangen Sie heute damit an.

MEETING-MALARIA UND PRÄSENTATIONS-PEST verschwinden nur, wenn Sie heute eine Revolution starten und kontinuierlich an der Evolution arbeiten. An Ihrer eigenen. An der Ihrer Kollegen. Und an der Kommunikationskultur Ihres Unternehmens.

HÖREN SIE AUF, VERURSACHER, SYMPTOM UND BETROFFENER ZU SEIN. Hören Sie auf, zu leiden! Sie beenden das Leid, indem Sie handeln. Eskalieren Sie die Notwendigkeit neuer Regeln an Ihre Kommunikationsabteilung. Lesen Sie den Therapieplan für Unternehmen (Seiten 196 bis 199). Nehmen Sie sich Zeit, ihn zu ergänzen und präsentieren sie ihn auf zwei Folien in Ihrem Firmen-Design. Falls die Kommunikationsabteilung „nichts tun kann" und sich mit „Land unter" oder „Prioritäten" entschuldigt, eskalieren Sie das Thema an die Personalabteilung. Wenn diese stirnrunzelnd Ihre Akte zückt, eskalieren Sie das Thema zum CFO. Falls der nicht erreichbar ist, weil er Mitarbeiterthemen nur in Excel bearbeitet und für Sie gerade keine Tabellenzelle frei hat, dann … – dann gehen Sie in den Untergrund und gründen eine Widerstandsbewegung.

HASTA LA VICTORIA SIEMPRE*. Wenn Sie überzeugt sind, dass Ihre Initiative Ihre Arbeit und das Jahresergebnis Ihrer Firma verbessert, dann werden Sie sich durchsetzen und siegen. Planen Sie Ihren Widerstand wie auf Seite 146 beschrieben. Ändern Sie Ihre Meeting- und Präsentations-Gewohnheiten. Motivieren Sie Kollegen mit gutem Vorbild und konkreten Tipps. Je mehr Menschen besser miteinander kommunizieren, desto besser wird das Betriebsklima für alle. Freuen Sie sich über kleine Erfolge. Verzagen Sie niemals. Jede gute Idee vermehrt sich. Das wusste schon 1962 der argentinische Dichter José María Castiñeira de Dios. Zehn Jahre nach Evita Peróns Tod widmete er ihr das Gedicht „Volveré y seré millones".**

* „Bis zum immerwährenden Sieg" schrieb Ernesto „Che" Guevara als Abschiedsgrußformel am 1. April 1965 unter seinen letzten Brief an Fidel Castro.

** Sinngemäß: „Auch wenn ich tot bin, werde ich durch meine Ideen millionenfach wiederkehren."

Therapieplan für Unternehmen.

So leid es meiner Revoluzzer-Seele tut: Auch bei der Therapie dieser zwei produktivität-vernichtenden Kommunikations-Krankheiten sind Maßnahmen von ganz oben gefragt. Wenn das Top-Management nicht vorlebt, was die Mitarbeiter richtig machen sollen, hat ein Therapie-Programm keine Chance. Das nur als Klartext vorweg. Plus: Wenn es um Ihre Präsentations-Vorlagen geht, ist nur der beste Profi gut genug. Diese Folien können Ihre gesamte Kommunikations-Wertschöpfung in den Keller katapultieren – oder in neue Profit-Höhen …

1. MEETING-ZEIT*- & ROI-INVENTUR MACHEN

— Wie viel Meeting-Zeit* kalkulieren Sie pro Mitarbeiter/Tag/Monat/Jahr?

— Durchschnittskosten/Jahr? Einsparungspotenzial definieren, realistisch: ein Drittel.

2. MASSNAHMEN PLANEN

— Kommunikationseffizienz Ihrer Folien-Vorlagen hinterfragen: SWOT-Analyse.

— Wie optimieren Sie Ihre Vorlagen? Wie viel Diktat muss, wie viel Freiheit darf sein?

— Wie definieren Sie einen neuen Vorlagen-Baukasten, der maximale Kommunikationsfreiheit im Rahmen Ihres Corporate Designs bietet?

— Welche Bilddatenbanken stellen Sie Ihren Mitarbeitern zur Verfügung? Wie definieren Sie eine Bildsprache, die zu Ihrem Corporate Design passt, aber auch Freiheit und Inspiration für den individuellen Kommunikationsanlass lässt?

— Wir reduzieren Sie Meetings? Was rechtfertigt ein Meeting? Welche Gesetze gibt es für Dauer, Ablauf, Moderation, Teilnehmerzahl, Ergebnis, Dokumentation?

— Können Flipcharts und freie Rede digitale Präsentationen ersetzen? Wann? Wie?

— Welches Zeitspar- oder Zeitfress-Potenzial steckt in digitalen Meetings und Präsentationen: Webinaren, Video- und Telefon-Konferenzen, Chats, Streamings etc.?

— Wie werden Beteiligte zu Botschaftern einer neuen Meeting- und Präsentations-Kultur?

— Welcher Medienmix führt zum Kampagnen-Erfolg? Welchen Anteil haben persönliche, gedruckte, digitale Kommunikation? Was können Sie in Besprechungsräumen machen?

— Machen Sie ein Kick-off-Event und Führungskräfte-Workshops?

— Wie kommunizieren Sie neue Meeting- und Präsentations-Regeln so, dass sie gelebt werden? Wie messen Sie den Erfolg quantitativ und qualitativ?

* Zu Meetings zählen auch Telefon-Konferenzen, Webinare, Konferenzen, Kongresse, Seminare, Workshops, Tagungen. Machen Sie es sich einfach: Das größte Wertschöpfungspotzenzial eröffnet sich, wenn Sie im ersten Schritt nur Top-Verdiener ansetzen.

3. BUSINESS CASE ERARBEITEN

- Ziel: ein Drittel weniger Meetings = Ersparnis X
- Grobkosten Weg zum Ziel (Maßnahmen, Kampagne, Workshops) = Y
- X – Y = Return on Investment im ersten Jahr
- Zweites Jahr: Kosten für Kommunikations-Controlling + Kampagne = Y
- Ersparnis durch weiterhin erhöhte Meeting- und Präsentations-Effizienz = X
- X – Y = Return on Investment im zweiten Jahr

4. VORSTAND BEGEISTERN, PROJEKTFREIGABE UND BUDGET ABHOLEN

- Business Case und Maßnahmenkatalog in eine attraktive Präsentation verpacken (vorher unbedingt die Seiten 174 bis 195 lesen).
- Dem Vorstand, Chef, Budgetverantwortlichen präsentieren.
- Lob, Projektfreigabe und Budget einheimsen.

5. SÄEN, OPTIMIEREN, ERNTEN

- Neue Regeln definieren.
- Services und Mehrwerte konzipieren.
- Kampagne starten.
- Umsetzungserfolg messen.
- Optimieren, optimieren, optimieren.
- Ernten.

DIE THERAPIE-KOSTEN sind abhängig von der Unternehmensgröße und Ihren internen Möglichkeiten, Maßnahmen, Kampagnen und Workshops selbst umzusetzen. Wenn Sie externe Hilfe hinzuziehen, was Sie in diesem Fall dringend brauchen, sind die Kosten über den Daumen gepeilt vergleichbar mit zwei bis drei doppelseitigen Anzeigen in einem Nachrichtenmagazin – Baukasten mit neuen, astreinen Präsentationsvorlagen und Storyboards inklusive.

UND FALLS SIE JETZT DENKEN, ist ja klar, die Expertin empfiehlt Expertenhilfe = ihr eigenes Geschäft, denken Sie verständlich, aber in diesem Fall falsch: Ich liebe interne Wertschöpfung und empfehle sie jedem, der die Kompetenz, Kraft und Zeit hat – dieses Buch ist mein bestes DIY-Beispiel. Aber, wenn es um Meeting- und insbesondere Präsentations-Therapie geht, weiß ich aus Erfahrung, dass Externe schneller nachhaltiger mehr bewirken als Prediger und Grafik-Künstler aus den eigenen Reihen. Ich kenne Ihre Folien-Vorlagen nicht, aber ich wette meine rechte Hand darauf, dass man diese zu 100 Prozent verbessern kann. Falls es Sie interessiert: Ich schreibe mit links.

ERSTE HILFE

IM SINNE EINER GANZHEITLICHEN THERAPIE folgen jetzt Erste Hilfe-Maßnahmen aus der kreativen freigeistigen Alternativ-Medizin. Werfen Sie Vorurteile über Bord und lassen Sie sich von den Ergebnissen überraschen.

BEVOR IHNEN MEETING-MALARIA UND PRÄSENTATIONS-PEST DEN ARBEITSTAG VERDERBEN, SA

NEIN. NEIN. NEIN. NEIN. NEIN. NEIN. NEIN. NEIN. NEIN. NEIN. NEIN. NEIN. NEIN. NEIN. NEIN. NE
NEIN. NEIN. NEIN. NEIN. NEIN. NEIN. NEIN. NEIN. NEIN. NEIN. NEIN. NEIN. NEIN. NEIN. NEIN. NE
NEIN. NEIN. NEIN. NEIN. NEIN. NEIN. NEIN. NEIN. NEIN. NEIN. NEIN. NEIN. NEIN. NEIN. NEIN. NE
NEIN. NEIN. NEIN. NEIN. NEIN. NEIN. NEIN. NEIN. NEIN. NEIN. NEIN. NEIN. NEIN. NEIN. NEIN. NE
NEIN. NEIN. NEIN. NEIN. NEIN. NEIN. NEIN. NEIN. NEIN. NEIN. NEIN. NEIN. NEIN. NEIN. NEIN. NE
NEIN. NEIN. NEIN. NEIN. NEIN. NEIN. NEIN. NEIN. NEIN. NEIN. NEIN. NEIN. NEIN. NEIN. NEIN. NE
NEIN. NEIN. NEIN. NEIN. NEIN. NEIN. NEIN. NEIN. NEIN. NEIN. NEIN. NEIN. NEIN. NEIN. NEIN. NE
NEIN. NEIN. NEIN. NEIN. NEIN. NEIN. NEIN. NEIN. NEIN. NEIN. NEIN. NEIN. NEIN. NEIN. NEIN. NE
NEIN. NEIN. NEIN. NEIN. NEIN. NEIN. NEIN. NEIN. NEIN. NEIN. NEIN. NEIN. NEIN. NEIN. NEIN. NE
NEIN. NEIN. NEIN. NEIN. NEIN. NEIN. NEIN. NEIN. NEIN. NEIN. NEIN. NEIN. NEIN. NEIN. NEIN. NE
NEIN. NEIN. NEIN. NEIN. NEIN. NEIN. NEIN. NEIN. NEIN. NEIN. NEIN. NEIN. NEIN. NEIN. NEIN. NE
NEIN. NEIN. NEIN. NEIN. NEIN. NEIN. NEIN. NEIN. NEIN. NEIN. NEIN. NEIN. NEIN. NEIN. NEIN. NE
NEIN. NEIN. NEIN. NEIN. NEIN. NEIN. NEIN. NEIN. NEIN. NEIN. NEIN. NEIN. NEIN. NEIN. NEIN. NE
NEIN. NEIN. NEIN. NEIN. NEIN. NEIN. NEIN. NEIN. NEIN. NEIN. NEIN. NEIN. NEIN. NEIN. NEIN. NE
NEIN. NEIN. NEIN. NEIN. NEIN. NEIN. NEIN. NEIN. NEIN. NEIN. NEIN. NEIN. NEIN. NEIN. NEIN. NE
NEIN. NEIN. NEIN. NEIN. NEIN. NEIN. NEIN. NEIN. NEIN. NEIN. NEIN. NEIN. NEIN. NEIN. NEIN. NE
NEIN. NEIN. NEIN. NEIN. NEIN. NEIN. NEIN. NEIN. NEIN. NEIN. NEIN. NEIN. NEIN. NEIN. NEIN. NE
NEIN. NEIN. NEIN. NEIN. NEIN. NEIN. NEIN. NEIN. NEIN. NEIN. NEIN. NEIN. NEIN. NEIN. NEIN. NE
NEIN. NEIN. NEIN. NEIN. NEIN. NEIN. NEIN. NEIN. NEIN. NEIN. NEIN. NEIN. NEIN. NEIN. NEIN. NE
NEIN. NEIN. NEIN. NEIN. NEIN. NEIN. NEIN. NEIN. NEIN. NEIN. NEIN. NEIN. NEIN. NEIN. NEIN. NE
NEIN. NEIN. NEIN. NEIN. NEIN. NEIN. NEIN. NEIN. NEIN. NEIN. NEIN. NEIN. NEIN. NEIN. NEIN. NE
NEIN. NEIN. NEIN. NEIN. NEIN. NEIN. NEIN. NEIN. NEIN. NEIN. NEIN. NEIN. NEIN. NEIN. NEIN. NE
NEIN. NEIN. NEIN. NEIN. NEIN. NEIN. NEIN. NEIN. NEIN. NEIN. NEIN. NEIN. NEIN. NEIN. NEIN. NE
NEIN. NEIN. NEIN. NEIN. NEIN. NEIN. NEIN. NEIN. NEIN. NEIN. NEIN. NEIN. NEIN. NEIN. NEIN. NE
NEIN. NEIN. NEIN. NEIN. NEIN. NEIN. NEIN. NEIN. NEIN. NEIN. NEIN. NEIN. NEIN. NEIN. NEIN. NE
NEIN. NEIN. NEIN. NEIN. NEIN. NEIN. NEIN. NEIN. NEIN. NEIN. NEIN. NEIN. NEIN. NEIN. NEIN. NE
NEIN. NEIN. NEIN. NEIN. NEIN. NEIN. NEIN. NEIN. NEIN. NEIN. NEIN. NEIN. NEIN. NEIN. NEIN. NE
NEIN. NEIN. NEIN. NEIN. NEIN. NEIN. NEIN. NEIN. NEIN. NEIN. NEIN. NEIN. NEIN. NEIN. NEIN. NE
NEIN. NEIN. NEIN. NEIN. NEIN. NEIN. NEIN. NEIN. NEIN. NEIN. NEIN. NEIN. NEIN. NEIN. NEIN. NE

NEIN BIS IHRE ZUNGE BLUTET. HIER EINE SEITE ZUM ÜBEN:

EIN. NEIN. NEIN. NEIN. NEIN. NEIN. NEIN. NEIN. NEIN. NEIN. NEIN. NEIN. NEIN. NEIN. NEIN. NEIN.
EIN. NEIN. NEIN. NEIN. NEIN. NEIN. NEIN. NEIN. NEIN. NEIN. NEIN. NEIN. NEIN. NEIN. NEIN. NEIN.
EIN. NEIN. NEIN. NEIN. NEIN. NEIN. NEIN. NEIN. NEIN. NEIN. NEIN. NEIN. NEIN. NEIN. NEIN. NEIN.
EIN. NEIN. NEIN. NEIN. NEIN. NEIN. NEIN. NEIN. NEIN. NEIN. NEIN. NEIN. NEIN. NEIN. NEIN. NEIN.
EIN. NEIN. NEIN. NEIN. NEIN. NEIN. NEIN. NEIN. NEIN. NEIN. NEIN. NEIN. NEIN. NEIN. NEIN. NEIN.
EIN. NEIN. NEIN. NEIN. NEIN. NEIN. NEIN. NEIN. NEIN. NEIN. NEIN. NEIN. NEIN. NEIN. NEIN. NEIN.
EIN. NEIN. NEIN. NEIN. NEIN. NEIN. NEIN. NEIN. NEIN. NEIN. NEIN. NEIN. NEIN. NEIN. NEIN. NEIN.
EIN. NEIN. NEIN. NEIN. NEIN. NEIN. NEIN. NEIN. NEIN. NEIN. NEIN. NEIN. NEIN. NEIN. NEIN. NEIN.
EIN. NEIN. NEIN. NEIN. NEIN. NEIN. NEIN. NEIN. NEIN. NEIN. NEIN. NEIN. NEIN. NEIN. NEIN. NEIN.
EIN. NEIN. NEIN. NEIN. NEIN. NEIN. NEIN. NEIN. NEIN. NEIN. NEIN. NEIN. NEIN. NEIN. NEIN. NEIN.
EIN. NEIN. NEIN. NEIN. NEIN. NEIN. NEIN. NEIN. NEIN. NEIN. NEIN. NEIN. NEIN. NEIN. NEIN. NEIN.
EIN. NEIN. NEIN. NEIN. NEIN. NEIN. NEIN. NEIN. NEIN. NEIN. NEIN. NEIN. NEIN. NEIN. NEIN. NEIN.
EIN. NEIN. NEIN. NEIN. NEIN. NEIN. NEIN. NEIN. NEIN. NEIN. NEIN. NEIN. NEIN. NEIN. NEIN. NEIN.
EIN.
EIN.
EIN.
EIN.

NEIN.

EIN.
EIN.
EIN.
EIN.
EIN.
EIN.
EIN. NEIN. NEIN. NEIN. NEIN. NEIN. NEIN. NEIN. NEIN. NEIN. NEIN. NEIN. NEIN. NEIN. NEIN. NEIN.
EIN. NEIN. NEIN. NEIN. NEIN. NEIN. NEIN. NEIN. NEIN. NEIN. NEIN. NEIN. NEIN. NEIN. NEIN. NEIN.
EIN. NEIN. NEIN. NEIN. NEIN. NEIN. NEIN. NEIN. NEIN. NEIN. NEIN. NEIN. NEIN. NEIN. NEIN. NEIN.
EIN. NEIN. NEIN. NEIN. NEIN. NEIN. NEIN. NEIN. NEIN. NEIN. NEIN. NEIN. NEIN. NEIN. NEIN. NEIN.
EIN. NEIN. NEIN. NEIN. NEIN. NEIN. NEIN. NEIN. NEIN. NEIN. NEIN. NEIN. NEIN. NEIN. NEIN. NEIN.
EIN. NEIN. NEIN. NEIN. NEIN. NEIN. NEIN. NEIN. NEIN. NEIN. NEIN. NEIN. NEIN. NEIN. NEIN. NEIN.

Spielen Sie Meeting-Shit-Bingo!

Kennen Sie den: „Aus Spaß wurde Ernst. Ernst ist jetzt 12 Jahre alt ...“?* Dieser Uralt-Witz bringt auf den Punkt, wie Sie ergebnislose Laber-Meetings spielerisch in ernstzunehmende, produktive Arbeitszeit verwandeln.

SO FUNKTIONIERT'S: Fotografieren Sie die rechte Seite. Drucken Sie sie aus und legen Sie sie auffällig auf Ihre Besprechungsunterlagen. Sobald der präsentierende Phrasen-Drescher Ihre Intelligenz mit einer der vermerkten Worthülsen beleidigt, verpassen Sie dem jeweiligen Wort ein rotes Kreuz. Sobald sechs Hüllen, Verzeihung, Hülsen, gefallen sind, stehen Sie auf und rufen „Bingo!“.

WENN SIE RICHTIG COOL SIND, entern Sie daraufhin den Präsentations-Computer, stecken Ihren USB-Stick an und öffnen eine Folie. Auf der stehen drei Zahlen: 3-12-3. Dann starten Sie das „Gamestorming“ von Seite 180/181. Verlassen Sie den Raum erst, wenn alle von einer neuen, produktiven Besprechungskultur überzeugt sind.

* Kommen Sie bloß nicht auf die Idee, diesen Flachwitz als „Eisbrecher“ für einen Präsentationsbeginn zu wählen!

WEISS JEMAND, WIE DER BEAMER FUNKTIONIERT?	ALIGNEN / PIMPEN / LEVERAGEN
WIE MAN HIER SIEHT …	PERFORMANT / PERFORMANCE DRIVEN
… ABER DAZU SPÄTER	AUF ETWAS EINZAHLEN
WIR BRAUCHEN EINE APP	JEMAND INS BOOT HOLEN
EMPOWERN / CHALLENGEN / INNOVIEREN	DAS SKALIERT NICHT
ROLES & RESPONSIBILITIES	KOMMUNIKATION AUF AUGENHÖHE
SYNERGIE-EFFEKTE	DIGITAL NATIVES
CHANGE	PARADIGMENWECHSEL
CO-CREATION	ES PASSIERT AUCH OHNE SIE
ASAPST	*
DAS IST NOCH PENDING	*

* Hier ist Platz für individuelles Fach-Chinesisch, das alle in Ihrer Firma verwenden, um zu kaschieren, dass sie keinen Plan haben.

Das ist eine Aua-Folie.

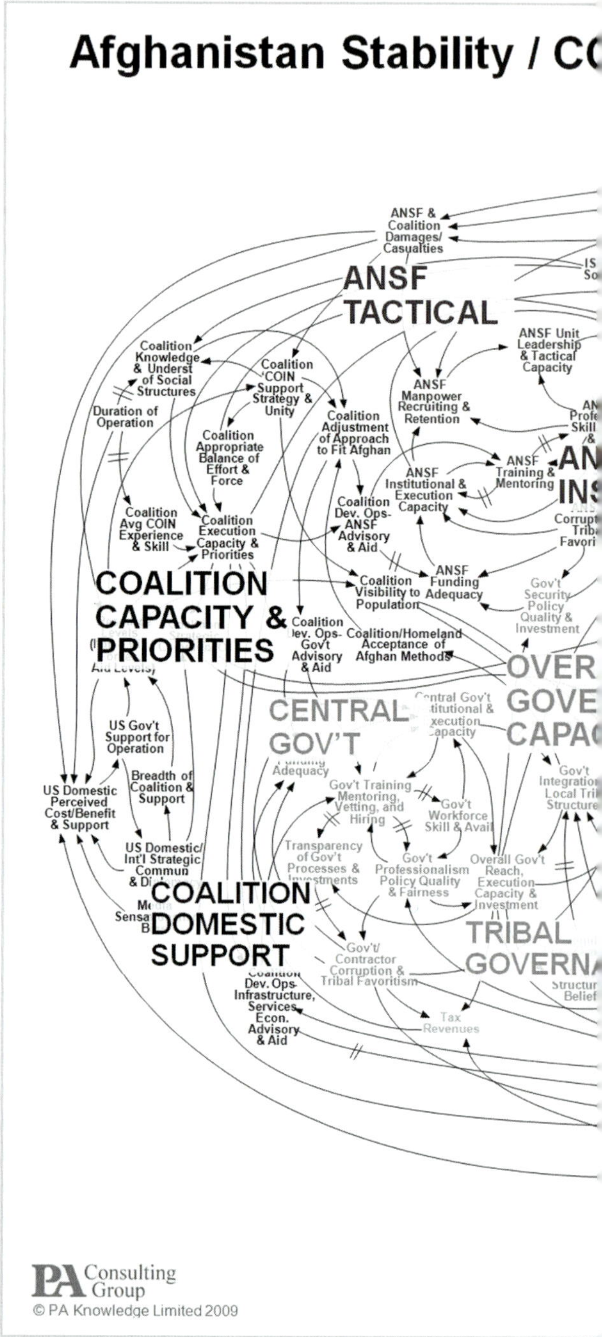

MIT DIESER POWERPOINT-FOLIE* sollte ein Krieg im Nachhinein gewonnen werden. Verstehen Sie, was Sie da sehen? Nein? Da wären der zwischenzeitlich in den Ruhestand beförderte Ex-US-General Stanley McChrystal und die sicherlich immer noch hochbezahlte *PA Consulting Group* jetzt aber sehr enttäuscht. So viele Steuergelder in eine Augenkrebs-Folie investiert. Das tut weh. Noch schmerzvoller ist der Satz, mit dem der Herr General die Folie moderierte: „When we understand this chart – we will have won the war in Afghanistan." Was sagt uns das? Mit PowerPoint verliert man Kriege.

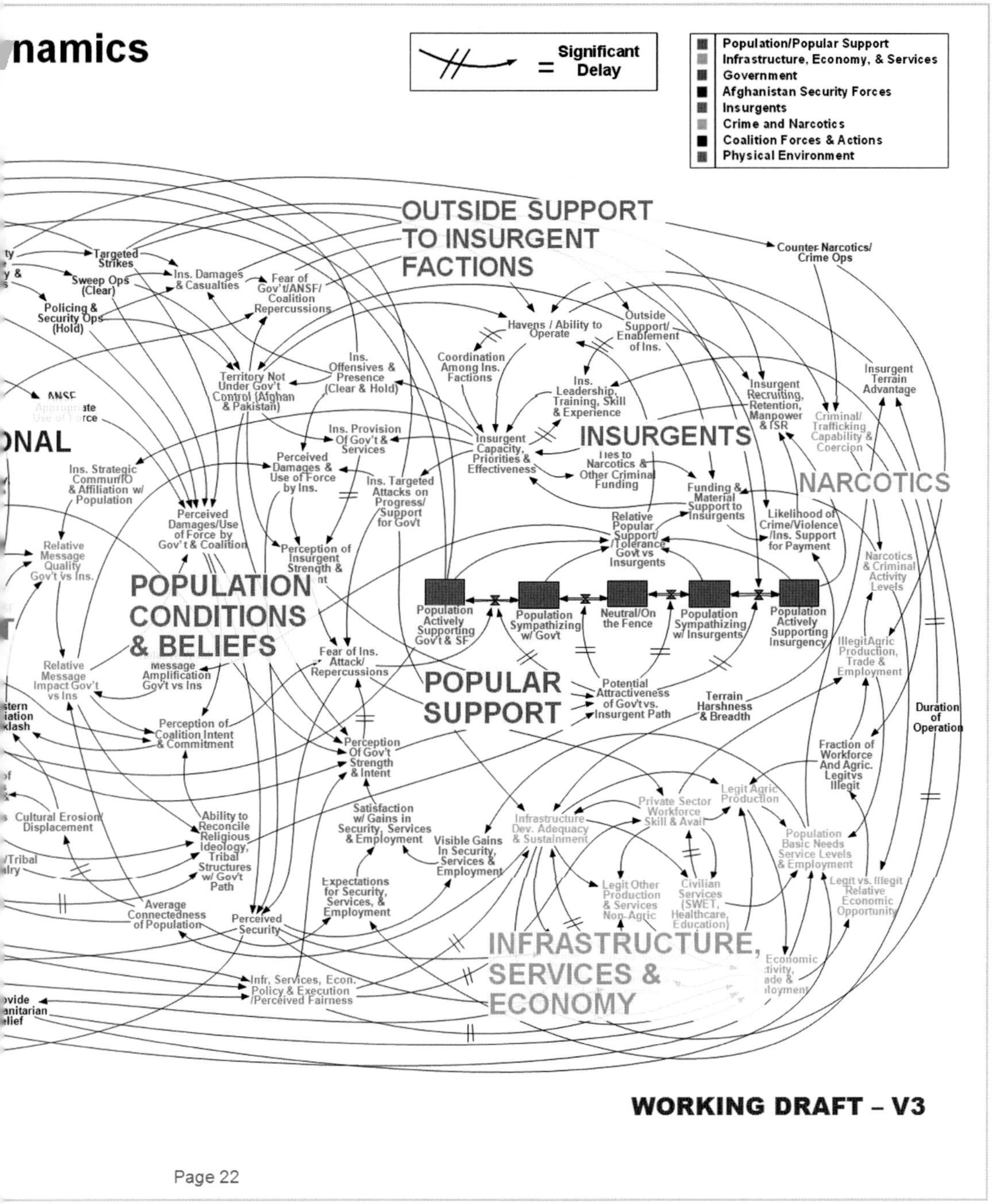

* Die Originalfolie ist bunt. Da die Farben das Verständnis nicht erleichtern, sehen Sie hier „nur" Schwarzweiß. Falls Sie Ihre Augen mit dem Original quälen möchten, tippen Sie „Afghanistan Stability Coin Dynamics" in die Suchmaschine Ihrer Wahl.

Das ist eine gute Folie …

… ABER AUCH EINE POPULISTISCHE, KRIEGSTREIBENDE SCHLAGZEILE. Hier sehen Sie die Worte, die auf der ganzen Titelseite des britischen Boulevard-Blattes „The Sun" am Tag nach Beginn des Ersten Irak-Kriegs prangten. Was hat das mit Ihren Folien zu tun? Viel. Wer Kompliziertes einfach und emotional erklären will, kann vom Boulevard-Journalismus lernen. Für Zartbesaitete: Bevor Sie ein Grafik-Verbrechen begehen oder Ihr Publikum mit einer Text-Lawine erschlagen, überlegen Sie sich stattdessen einen kurzen Satz. Einen, den Sie Ihrem Nachbarn über den Zaun zurufen würden, müssten Sie ihm mal schnell den Sinn Ihrer Folie erklären. Und …? Wie lautet er …?

IN WE GO.

Die Präsentation Ihres Lebens.

HIER IST PLATZ FÜR IHRE TRÄUME: Stellen Sie sich vor, Sie präsentieren Ihr Leben vor dem Schiedsgericht des Universums. Am Ende Ihrer Präsentation wird entschieden, ob Sie das Beste aus Ihren Talenten und Ihrer Lebenszeit gemacht haben. Denken Sie zurück, träumen Sie nach vorne: Was ziert eines Tages die Präsentation Ihres Lebens? Sie haben zehn Folien, zehn Bild-Ideen und pro Folie 25 Zeichen brutto.

1	2
3	4

5

6

7

8

9

10

Feierabend.

ZEIT FÜR EINE FINALE INVENTUR. Was werden Sie an Ihren Meetings und Präsentationen ändern? Welche Regeln werden Sie umsetzen, welche Maßnahmen ergreifen und verinnerlichen? Nehmen Sie sich zehn Minuten Zeit und ein ehrliches weißes Blatt Papier zur Hand. **SCHREIBEN SIE DREI DINGE AUF,** die Sie ab sofort ändern werden und weitere drei, die Sie langfristig in Angriff nehmen.

Prost.

DANN ÖFFNEN SIE EIN KALTGETRÄNK UND PROSTEN SICH ZU. Sie können wirklich stolz auf sich sein. Dieses Buch hat den Finger auf vier offene Wunden Ihres Kommunikationslebens gelegt. Sie haben das aus- und durchgehalten. Bravo! Erkenntnis ist der erste Schritt zum Ergebnis. **GEHEN SIE WEITER:** Infizieren Sie Ihre Freunde und Kollegen mit Ihrer neuen Kommunikationskultur – Sie werden es Ihnen danken.

Extras für Privatpatienten.

Quellen & Inspiration

SEITE 3
„Für die Krieger" – inspiriert von „Krieger", Die Fantastischen Vier, Lauschgift, 1995.

„Für die … Ketzer, und die, die ein Lied haben" – inspiriert von „Ich singe, weil ich ein Lied hab" und „Schafft Huren, Diebe, Ketzer her!", Konstantin Wecker, Liebesflug, 1981 und Live, 1975.

„Ich wurde, wer ich bin" – inspiriert von „Ecce homo. Wie man wird, was man ist.", Friedrich Nietzsche, 1889.

Violinschlüssel – inspiriert von „Anitras Tanz", Edvard Grieg, Peer Gynt Suite Nr. 1, Opus 46, 1888.

SEITE 7 UND 8
Glaubensbekenntnis – Inspiriert von Ingrid Brodnig, Webgebet: http://brodnig.org/2011/03/18/webgebe/ (das ist kein Tippfehler, das „t" fehlt in der URL).

SEITE 12
„Immer online, volle Dosis, du kannst schlafen, wenn du tot bist" – inspiriert von „Mehr nehmen", Die Fantastischen Vier, Fornika, 2007.

SEITE 17
YouPorn-Besucher pro Tag, Stand: 10.10.2011, vgl. www.alexa.com und www.wolframalpha.com.

SEITE 21
„Hilfsausdruck" – Wolf Haas hat dieses Wort seinem Kommissar Simon Brenner in den Mund geschrieben.
Buch-Tipp: Wer die sieben Brenner-Krimis nicht kennt – unbedingt lesen!

SEITE 32
Marihuana-Studie: King's College London im Auftrag von Hewlett Packard, 2004.

Nomophobie-Studie: The British Post Office, 2008, vgl. The Daily Mail, 31.03.2008; Zitat Jim Balsillie aus: „Was man gegen Blackberry-Sucht tun kann", Die Welt, 18.10.2007.

Sucht-Studie: „Sleeping with Your Smartphone: How to Break the 24/7 Habit and Change the Way You Work", Leslie A. Perlow, Harvard Business Review Press, 2012.

Ablenkungs-Studie: „No Task Left behind? Examining the Nature of Fragmented Work", Victor González, Justin Harris, Gloria Mark, Donald Bren, School of Information and Computer Science, University of California, 2005.

SEITE 33
Basex-Studie: „Information Overload: We Have Met the Enemy and He Is Us", Basex, 2008.

ADT: „CrazyBusy: Overstretched, Overbooked, and About to Snap!", Dr. Edward M. Hallowell, Ballantine Books, 2006.

Beispiel Vicki Walker: vgl. NZ Herald vom 30.08.2009.

SEITE 36
„Ich maile, also bin ich" inspiriert von „Je pense, donc je suis", Discours de la méthode, René Descartes, 1637.
VW: http://www.spiegel.de/wirtschaft/service/blackberry-pause-vw-betriebsrat-setzt-e-mail-stopp-nach-feierabend-durch-a-805524.html.
Atos: http://at.atos.net/de-at/newsroom/newsletter/von-der-datenflut-zu-zero-e-mail/default.htm.

SEITE 44
Zitat Karl Lagerfeld: Gesprächsreihe „burda live", via dpa am 09.05.2008.

SEITE 55
Pomodoro-Technik: „The Pomodoro Technique", Francesco Cirillo, Lulu.com, 2009. Weitere Infos auf: www.pomodorotechnique.com.
Buch-Tipp: Staffan (das ist kein Tippfehler!) Nöteberg „Die Pomodoro-Technik in der Praxis: Der einfache Weg, mehr in kürzerer Zeit zu erledigen.", Dpunkt Verlag, 2011.
SEITE 65
Neurosengärtner – inspiriert von „Straßenbahn des Todes", Element of Crime, Mittelpunkt der Welt, 2005.

SEITE 95
Zitat Jonathan Franzen: „Ten Rules for Writing Fiction", The Guardian, 20.02.2010.
Link-Tipp: http://www.guardian.co.uk/books/2010/feb/20/ten-rules-for-writing-fiction-part-one.

SEITE 96
Internetsucht: „Prävalenz der Internetabhängigkeit (PINTA I)", Universität Lübeck und Universität Greifswald, 2011. Vgl. http://onlinesucht.de, http://wien.orf.at/news/stories/2503320/ und http://www.api.or.at.
Internetsucht in China: http://www.liebertonline.com/doi/abs/10.1089/cpb.2008.0321.

Facebook: American Academy of Matrimonial Lawyers (AAML), 2010. „Facebook a Top Cause of Relationship trouble", The Guardian, 08.03.2011.

SEITE 97
Google Pac-Man: „The Tragic Cost of Google Pac-Man – 4.82 million hours.", http://blog.rescuetime.com, 24.05.2010.

„Multitasking ist Körperverletzung": „Payback: Warum wir im Informationszeitalter gezwungen sind zu tun, was wir nicht tun wollen, und wie wir die Kontrolle über unser Denken zurückgewinnen.", S. 69 ff., Frank Schirrmacher, Blessing, 2009.
Buch-Tipp: Falls Sie dieses Buch noch nicht gelesen haben – unbedingt lesen!
Multitasking-Studie: „Cognitive Control in Media Multitaskers", Eyal Ophira, Clifford Nassb, Anthony D. Wagnerc (kein Tippfehler!), PNAS, 2009.
Abstinenz-Studie: „24 Hours: Unplugged", International Center for Media and the Public Agenda, Universität Maryland, 2010.
Link-Tipp: http://withoutmedia.wordpress.com.

SEITE 99
Asia Tea Company: http://www.asiateacompany.com.

„Man darf das Gras nicht wachsen hören, sonst wird man taub." – dieser Spruch wird sowohl als „Chinesische Weisheit" als auch im Namen von Gerhart Hauptmann zitiert. Ich tendiere emotional zu Gerhart Hauptmann – wählen Sie Ihre Lieblingsquelle.

SEITE 100
Hunde-Video: http://youtu.be/5L28TM48bF0.

Slow Lorris: http://youtu.be/g9f-6jygRJk.

Dopamin: vgl. „Der Betroffene erlebt eine Dopamin-Dusche", www.medica.de, 01.04.2010.

SEITE 110
„Der Anfang ist die Hälfte des Ganzen", Aristoteles (384 v. Chr. – 322 v. Chr.).

SEITE 127
Internetsucht-Therapie: http://www.webaholic.info.

SEITE 135
„Rammen Sie einen Pfahl in die dahinschießende Zeit" – inspiriert von „Vorschlag" aus: „Gedichte", Günter

Kunert, Reclam, 1987 – eines meiner absoluten Lieblingsgedichte.

SEITE 150
Trauermarsch: Gustav Mahler, 5. Sinfonie cis-Moll, 1. Satz. Musik-Tipp: Mahler-Symphonien unter Dirigent Rafael Kubelik.

SEITE 157
Zitat Robert Jungk (1913–1994), österreichischer Autor und Zukunftsforscher.

SEITE 158
Wall Street Journal-Umfrage: „Präsentieren wie Alfred Hitchcock", Wirtschaftsblatt, 10.06.2011.

SEITE 167
„... dass man Erfolg nicht streicheln kann." – inspiriert von einem Satz, den Sie sich am Gaumen zergehen lassen sollten: „Schade, dass man Wein nicht streicheln kann", Kurt Tucholsky (1890–1935).

SEITE 179
Nickerchen-Bibel: „Take a nap! Change Your Life.", Sara C. Mednick und Mark Ehrman: Workman, 2006. Link-Tipp: www.saramednick.com

SEITE 181
Werden Sie Gamestormer: „Gamestorming: Ein Praxisbuch für Querdenker, Moderatoren und Innovatoren", Dave Gray, Sunni Brown, James Macanufo, O'Reilly, 2011.
Link-Tipp: www.gogamestorm.com.

SEITE 183
Preußische Tugenden: vgl. http://de.wikipedia.org/wiki/Preußische_Tugenden.

SEITE 189
Buch-Tipp: „ZEN oder die Kunst der Präsentation", 2008; „ZEN oder die Kunst des Präsentationsdesigns", 2010, Garr Reynolds, beide bei Addison-Wesley erschienen. Link-Tipp: www.presentationzen.com.

SEITE 192
Ritter-Methode: „Der Irrtum PowerPoint: Präsentieren Sie noch oder faszinieren Sie schon?", Matthias Pöhm, Pöhm Seminarfactory, 2011. Link-Tipp: Trainings & Soforthilfe finden Sie auf www.poehm.com.

SEITE 195
„Hasta la victoria siempre": Ernesto „Che" Guevara in seinem letzten Brief an Fidel Castro, 01.04.1965, vgl. http://en.wikiquote.org/wiki/Che_Guevara.
„Volveré y seré millones": Titel eines Gedichts, das der argentinische Poet José María Castiñeira de Dios 1962 als Hommage an Evita Perón veröffentlich hat.

SEITE 202
NEIN: „Sagen Sie nein, bis Ihre Zunge blutet" – inspiriert von Harvey Mackay, der diese Regel in anderem Zusammenhang in „Swim with the Sharks Without Being Eaten Alive: Outsell, Outmanage, Outmotivate, and Outnegotiate Your Competition." empfiehlt. Das Buch ist von 1996, immer noch sehr lesenswert, inzwischen von Harper Paperbacks neu aufgelegt.

SEITE 206
Afghanistan-Folie: PA Consulting Group, 2009. Vgl. „The McChrystal Afghanistan PowerPoint slide: can you do any better?", The Guardian, 29.04.2010.

SEITE 208
„IN WE GO" – stundenlange Recherche hat leider nur eines ergeben: Neben der „Sun" haben auch „Mirror" und „News of the World" mit dieser Schlagzeile gearbeitet, u.a. auch im Rahmen der Falkland-Krieg-Berichterstattung. Wer, wann, wie und wo zuerst – es gibt zu viele Quellen, deshalb muss Ihnen hier mein Gedächtnis reichen, vgl. Seite 208.

ERLESENE BUCH-TIPPS

Muße: Vom Glück des Nichtstuns.
Ulrich Schnabel, Blessing, 2010.

Anleitung zum Müßiggang.
Tom Hodgkinson, Rogner & Bernhard, 2004.

Die Kunst, frei zu sein: Handbuch für ein schönes Leben.
Tom Hodgkinson, Heyne, 2009.

How to Be Happy, Dammit: A Cynic's Guide to Spiritual Happiness.
Karen Salmansohn, Celestial Arts, 2001.

Wie man sein Leben ändert, indem man absolut Nichts tut. Die besten Tipps zur Entschleunigung für alle, die so viel zu tun haben, dass sie zu nichts mehr kommen.
Karen Salmansohn, Thiele, 2010.

Liebe in Zeiten der Ablenkung.
Edward M. Hallowell, Sue G. Hallowell, Melissa Orlov, Rowohlt, 2011.

Wer bin ich, wenn ich online bin: und was macht mein Gehirn solange? Wie das Internet unser Denken verändert.
Nicholas Carr, Blessing, 2010.

Delete. Die Tugend des Vergessens in digitalen Zeiten.
Viktor Mayer-Schönberger, bup, 2010.

Ohne Netz. Mein halbes Jahr offline.
Axel Rühle, Klett-Cotta, 2010.

Ich bin dann mal offline: Ein Selbstversuch. Leben ohne Internet und Handy.
Christoph Koch, Blanvalet, 2010.

Das Glück der Unerreichbarkeit: Wege aus der Kommunikationsfalle.
Miriam Meckel, Goldmann, 2008.

Brief an mein Leben: Erfahrungen mit einem Burnout.
Miriam Meckel, rororo, 2011.

NEXT: Erinnerungen an eine Zukunft ohne uns.
Miriam Meckel, Rowohlt, 2011.

Alone Together: Why We Expect More from Technology and Less from Each Other.
Sherry Turkle, Basic Books, 2011.

Die 4-Stunden-Woche: Mehr Zeit, mehr Geld, mehr Leben.
Timothy Ferris, Ullstein, 2011.

Lifehacker: The Guide to Working Smarter, Faster, and Better.
Adam Pash, Gina Trapani, John Wiley & Sons, 2011.

Rework.
Jason Fried, David Heinemeier Hansson, Riemann Verlag, 2010.

The Art of Non-Conformity: Set Your Own Rules, Live the Life You Want, and Change the World.
Chris Guillebeau, Perigee Trade, 2010.

Resonate: Present Visual Stories that Transform Audiences.
Nancy Duarte, John Wiley & Sons, 2010.

Slide:ology: The Art and Science of Presentation Design.
Nancy Duarte, O'Reilly Media, 2008.

Naked Presenter: Wirkungsvoll präsentieren – mit und ohne Folien.
Garr Reynolds, Addison-Wesley, 2011.

Deutsch für junge Profis: Wie man gut und lebendig schreibt.
Wolf Schneider, Rowohlt, 2010.

Hier wird das Kleingedruckte großgeschrieben.

ISBN 978-3-280-05487-1

Design: Inge Vorraber, www.ingol.at
Lektorat: Sonja Schwarz, www.textmelange.at
Cover-Grafik 3D: Ivo Apollonio, www.apollonio-design.com
Typo: Die wunderbare Cala, die unsterbliche Helvetica und die unverwüstliche Courier.
Druck und Bindung: Graspo CZ a.s., Zlín, www.graspo.com

JURISTEN-SOFTPORNO À LA ANITRA
Alle Inhalte und Quellenangaben wurden mit Hirn und Herz recherchiert, lektoriert und publiziert. Dennoch: Alles ohne Gewähr, jegliche Haftung seitens der Autorin ist ausgeschlossen – und das, obwohl sie eine unmoralisch teure Rechtsschutzversicherung besitzt. Und ja, auch „Digital Therapie" ist als Marke europaweit geschützt.

RECHTS WIRD'S RICHTIG HARDCORE: Verzeihen Sie, dass ich Sie am Ende dieses Buches mit Juristensprech quäle, mein Verlag sagt, ich muss. Und weil eine Frau tun muss, was eine Frau tun muss …

Juristen-Porno – die Hardcore-Version. Tipp: Umblättern!

Bibliografische Information der Deutschen Nationalbibliothek: Die Deutsche Nationalbibliothek verzeichnet diese Publikation in der Deutschen Nationalbibliografie; detaillierte bibliografische Daten sind im Internet über http://dnb.d-nb.de abrufbar.

Haben Sie diese Zeilen wirklich gelesen? Dann hat Ihnen mein Buch so gut gefallen, dass Sie es vielleicht sogar weiterempfehlen, rezensieren und bewerten. Ich denke gerade an Amazon und Konsorten. Sie auch? Nur zu! Ich freue mich über jeden Stern. Sehr.

Von führenden Härtefällen erfolgserprobt.

MEHR DIGITAL THERAPIE?
www.digital-therapie.com

MEHR ÜBER DIE AUTORIN?
www.anitra-eggler.com

WORKSHOPS? VORTRÄGE? BRANDREDEN?
Buchen Sie mich: www.anitra-eggler.com/workshops

LOB & TADEL? ERSTE HILFE?
E-Mailen Sie mich: ordination@anitra-eggler.com

VERFOLGEN SIE MICH, umkreisen Sie mich, befreunden Sie mich, empfehlen Sie mich! Meine Internet-Ichs finden Sie hier: www.about.me/anitraeggler

Heimliche Helden dieses Buches:

INSPIRATION: Das Leben, das wundervolle – und alle Menschen, die mir seit 1973 offenen Herzens darin begegnen.

GEIST, GENE, GLÜCK: Dieter Eggler, mein Vater, den ich weiterlebe
STIMME IN DER NACHT: Helga Eggler, mein geliebtes Mutterschiff
INITIALZÜNDUNG: Janik Eggler, mein Bruderherz und Coach in allen Lebensflughöhen; Geheimtipp: www.jetraining.de
LAST WOMAN STANDING: Julia Frankenberger, meine Herzschwester
PARTNER IN CRIME: Vla Miletic, mein Lebensmensch
FARBEN, FORMEN, FREUNDSCHAFT: Inge Vorraber, mein kreatives Echo
RAT UND TAT: Gerald Schantin, mein Impresario und Glücksbringer
LEHRER: Alfred Echtle, Helga und Karlheinz Schmidt, Helmut Dahl
CHANCE UND SCHLIFF: Roberto T. Alemann, Peter Gorlinsky und Steff Kuhn, meine argentinischen Meister – vamos Boca!
WEGWEISER: Herbert Pinzolits, Josef Mayerhofer, Thomas Holzhuber, Roman Sindelar, Fred Koblinger, Keith Olsen und alle Herzmenschen, die mein Leben begleiten – ihr macht mich reich!
ADLERAUGEN: Soni Schwarz, meine fabelhafte Lektorin
FREUDE UND FORTSETZUNG: Sie, liebe Leserin, lieber Leser! Danke, dass Sie dieses Buch in Händen halten. Bücher schreiben war immer mein Lebenstraum. Durch Sie wird er erfüllt. Dafür herze ich Sie in Gedanken! Schließen Sie die Augen und fühlen Sie sich von mir umarmt. **WIRD IHNEN WARM? MIR AUCH.**